冤罪と裁判

今村 核

講談社現代新書

2157

はじめに

　私は、弁護士登録をしてから20年間、民事、労働、刑事などさまざまな事件を担当してきたが、なかでも冤罪事件を多く担当してきた。どちらかと言えば無名の事件が多いが、とにかく無実の被告人が誤って処罰されてはならないと、必死にひとつひとつの事件をたたかってきた。

　日本の刑事裁判は、じつは世の中の水準からみると、いろいろと遅れたところがある。起訴された事件の有罪率は99・9パーセントと驚くほど高いが、有罪とされた元被告人のなかに無実の人々がかなり含まれているのではないか、というのが私の、心の奥底からの関心事である。

　私が担当した事例ひとつひとつの経験を『冤罪弁護士』（２００８年、旬報社）にまとめたところ、講談社の堀沢加奈さんの目に止まり、今度はもう少し普遍化したかたちで、日本における冤罪と、裁判員制度についてまとめてくれないか、と依頼を受けた。

　私の力に余る大きなテーマだし、また２００９年ごろから２０１２年まで、日本の刑事裁判の構造には変わりがないものの、裁判員制度の実施、一、二審の有罪判決を覆したいくつかの最高裁判決、再審無罪判決、取調べ可視化の一部試行などの動きがあり、大きな潮目と感じられた。この変貌しつつある現状を、的確にとらえて描くことはむずかしい。

しかし、ちょうどそのころ、私はいつも冤罪のことを考え、同業者から「冤罪マニア」などと言われる始末だった。そこで「毒を食らわば皿まで」のような心境で執筆を始めた（冤罪事件は、弁護士業務にとっては「毒」なのだ）。

本書では、まず、第1部「冤罪はこうして生まれる」で、ここ20年ほどの冤罪事件の典型事例を、自分の担当事件を含めて、そのおもな虚偽の証拠ごとに各章に分類して述べ、それぞれの誤起訴、誤判原因について考えた。

どのように虚偽の証拠が作られ、なぜ裁判でそれが虚偽とわからないのか、という視点から、虚偽自白、目撃証言、偽証、物証と科学鑑定、情況証拠に分けて考えた。それぞれのケースの記述は、正確性を第一に心がけながらも、物語的に読んでいただけるよう、できるだけ工夫した。

誤起訴、誤判原因の検討は、虚偽の証拠の作成過程、判断過程に視点をおくだけでは足りない。「日本の刑事裁判の構造的なあり方」に視点をおき、例えば、取調べ中心の捜査のあり方、取調べで作られた供述調書が裁判で重視されてきたこと、検察官が証拠を独占して被告人に有利な証拠を開示しないこと、不十分な弁護、裁判官の「有罪慣れ」ゆえの「疑わしきは被告人の利益に」原則の弛緩、などなどの制度的な歪みをあげ、それらが重層的にある「冤罪を生む構造」を形づくっていることを示すことが必要である。

これらについて、本文中の各ケースでそれぞれ断片的に、具体的な記述を通して示したが、そこからおのずと全体像が浮かび上がってくるのではないかと願っている。

私は実務家として、裁判員制度下の冤罪について、とくに強い関心を抱いてきた。第2部「裁判員制度で冤罪を減らせるか」では、まず第6章で、第1部のおさらいを兼ねて日本の刑事裁判の特色をまとめた。裁判官人事制度が根底に横たわっていることを示し、裁判により「人事評価」を受けない市民参加の意義を考えた。

第7章では、裁判員制度の実務がどのように設計されているかを示し、そこに官僚司法の「裁判員に負担をかけられない」という志向が強く働いていることを指摘した。

日本における「捜査のあり方」が冤罪を生み出していることは間違いない。この「捜査のあり方」と裁判員制度における「審理のあり方」との組み合わせは、全体の姿として見たとき、均衡がとれているだろうか。

「裁判員に負担をかけられない」ことの過度の強調は、権力を抑制するどころか、人権を制約する方向に働かないだろうか。そうした審理では、捜査の過程（冤罪が作られる過程）が十分に見えず、誤判の危険の芽が生じるのではないか。私は、裁判員の本心は「負担を軽くしてほしい」ことだけでは決してないと思う。

第8章では、実施後3年近くたった裁判員裁判における無罪、一部無罪の判決を検討し、裁判員裁判の判決と、裁判官裁判の判決とに違いが見いだせるのかを探った。もちろん、検討できるケース自体がまだ少ないし、そこに一般的な傾向を読み取ろうとすることに無理があるのだが、それも承知で試みた。

例えば、職業裁判官の誤判においては「可能性」という言い方が幅をきかせている。裁判官が頭の中で想像したことが、「こうした可能性がある。だから必ずしも被告人が無罪とは言えない」という形で、有罪方向に使われている。

私は、こうしたやり方は、評議の過程で一般市民である裁判員に対して説得力を持たないだろうと思っていた。この点は、はたしてどうなっているだろうか。

裁判員制度は、複眼的に見る必要がある。２０１２年5月21日に裁判員制度実施3年後となり、3年後検証見直し（裁判員法附則第九条）が開始される。最後にこの点についての提言を述べた。市民の常識がより活かされ、官僚司法の権力の保持が冤罪を生む原因とならないように提案をした。

本書は、専門用語をできるだけ避け、できるだけむずかしくなく書くよう努めた。冤罪、刑事裁判の入門書の一冊として、気軽に読んでいただければ幸いである。

目次

第1部　冤罪はこうして生まれる——冤罪の事件簿

第1章　虚偽自白

なぜ自分に不利な嘘をつくのか

人は、どんな場合に嘘をつくだろうか。

自分が嘘をついたときのことを思い出してみると、都合の悪いときや、見栄を張りたかったときなどに、つい、自分に有利な嘘をついており、後で思い出して寒くなることがある。

では、あえて自分に不利な嘘をついたことはあるだろうか……。

虚偽自白は、自分に不利な嘘をつき、しかも、その嘘をもっともらしく見せるため、ほとんど必死に努力するという、一見すると異常なふるまいだ。しかしそれは、ある異常な状況に追い込まれたときの、人間のほとんど必然的な反応なのだ。

取調べに対して、無実の人が「私がやりました」と虚偽の自白をし、それが自白調書にまとめられることがある。日本ではこれが誤起訴、誤判原因としてもっとも多いかもしれない。

自白調書は、ときに何十通も作られる。自白調書とは、被疑者が述べたことを捜査官が文章にまとめて、そこに署名・指印させるものだ。公判になって「違う」と被告人が主張しても、裁判官はなかなか信じてくれない。「自分に不利な嘘をつくはずがない」と思われるからだ。

自白の研究で著名な心理学者の浜田寿美男氏（奈良女子大学名誉教授）によれば、虚偽自白の過程は「私がやりました」と認めさせられるまでの段階と、「どうやったのか」を問われて、その説明をする段階に分けられる（『自白の研究 新版』２００５年、北大路書房）。

無実の被疑者が「私がやりました」というまでに、さほどの時間がかからないことは過去の事例が示している。多くは数日中に虚偽自白に落ちる。なぜだろうか。必ずしも肉体的な拷問があるわけではない。無実の人は、捜査官に自分が無実であることを何とかわかってもらおうと、必死で話をする。しかし捜査官は、その話を全く聞こうとせず、「まるで岩に向かってしゃべっているようだ」という気持ちになる。これは精神的にかなりつらいことだ。そして警察官は数人がかりで、入れ替わり立ち替わり取調べる。

ほとんどの被疑者は、裁判官の令状により、警察の留置場に勾留場所を指定される。これを「代用監獄」と言う（被疑者の本来の拘束場所は拘置所であるが、明治時代に制定された監獄法で、警察の留置場をそれに「代用」できるとされた）。逮捕、勾留期間は23日間だ。その間、起居動作のすべてが警察の支配下に入る。かつてはトイレットペーパーも外から入れてもらわなければならず、トイレの水も自分では流せず、「先生」と呼ばされる留置係官に「用便願います」とお願いするしかなかった。

こうしてつねに人に依存する心理状態にさせられる。そして連日10時間ぐらい取調べられる。検察官が請求して裁判官が接見禁止処分をすると、被疑者は家族とすら面会できない。そうしたなかで「お前のお母さんも、お前がやったと言っているぞ。早く真人間になれ」などと責められ、孤立感を抱き、絶望的になる。

現実感のなさ

もし虚偽の自白をすれば死刑や無期懲役になる、ということは、抑止力にならないのだろうか。

『自白の研究』によれば、真犯人であれば「死刑」というのは生々しい現実感をもって迫ってくるのに対し、無実の被疑者には現実感がない。しかもそれは遠い将来のことと感じられる。裁判で本当のことをしゃべればわかってくれると思う。それに対して、取調べに耐えるつらさは、まさに今の、現実の苦しみなのだ。そうすると、虚偽自白をして楽になる方向にぐんと天秤が傾くというのだ。

なるほど、私も冤罪に陥った無実の人々を弁護してきて共通に感じるのは、彼らの「現実感のなさ」である。「どうして自分が今こうして捕えられてここにいるのか、わからない。狐にでもつままれたようだ」というポカンとした感じがどこかにある。

「私がやりました」の次に、「どうやったのか」を説明する段階がある。無実の人は、事件を知らないので答えられず、いろいろと想像で答えるが、いずれも捜査官が知っている現場の状況に符合しておらず、「違う」と言われる。こうして何度でも言い直しをさせられ、「正解」に達するまで許されない取調べが行われる。これもかなりつらいことであるようだ。

私が知っている例では、殺人の被疑者が虚偽の自白に落ちた後、「彼女の部屋の真ん中に何があった」と捜査官に問われ、「テーブル」などと答えるのだが、ことごとく不正解で、苦しんだと聞いたことがある。事件は夏だった。しかし、部屋の真ん中には炬燵が置いてあった。その「正解」はとりわけ想像がむずかしかったのだ。彼は、捜査官の机上にある記録の現場写真をわきから盗み見るようにして、ようやくその「正解」に達することができたという。

紆余曲折《うよきよくせつ》を経ながら「正解」をひとこまひとこま積み上げていくのが、虚偽の自白調書の作成過程なのである。

インボー方式

アメリカでは、フレッド・E・インボーという捜査心理学者が考えた取調べ技法が行われている。そこでは、捜査官は「非情緒的な被疑者」に対しては「絶対にお前が犯人だという確実な証拠があがっている」と嘘をつくことが推奨される。他方で「情緒的な被疑者」に対しては、あの女にも悪いところがある、お前が殺したのも仕方がなかった、誰だってそうするさ、と、相手を非難してなだめることや、より悪質ではない動機を示唆することが推奨される。

そうした取調べの中で、被疑者の価値基準は混乱させられ、「自白をするのが自分にとってのベストの選択だ」と思わされたり、「記憶がないだけで、本当は自分がやったのかもしれない」と自分を疑ったりするようになる。

1992年、バージニア州で、ある初老の男性が拳銃自殺し、つき合っていた女性が殺人で疑われた。警察は、男性が死んだときに、彼女がその場にいたことを認めさせようとした。警察は「あまりにもショッキングで、君は憶えていないだけだ」とくり返した。彼女は、だんだん自分の記憶が信じられなくなり、精神科医に相談した。「無意識の抑圧といって、そういうことはよくある」と言われ、彼女は次の取調べで、現場に「いたと思う」と答えた。人形を使った実験で、自殺ではなく他殺との鑑定がされ、彼女は犯人とされた……(この事件は、検察が死因は自殺とする別の鑑定を隠していたことがわかり、2002年、連邦地裁で人身保護請求が認められた)。

警察の留置場での拘束時間が、治安判事に引致されるまでの24時間、せいぜい48時間に制限されるアメリカでも、虚偽自白が原因の誤判は決して少なくない。

ましてや日本の警察が全力で自白を迫ったとき、その取調べ圧力の大きさや凶暴さは、先ほどの例とは比べものにならない。ときに「インボー方式」を取り混ぜながらも、反省と悔悟を求めて迫ってくる。彼らは、「自白させることが被疑者の更生の第一歩だ」と信じている。

本章では、以下、2000年代のケースで取調べの状況と虚偽自白の状況を見ていく。2日間「任意同行」をされて朝から晩まで取調べられて、虚偽自白に至った警視庁の取調べ、あるいはその寸前まで行った神奈川県警の取調べの2つのケースを見てみよう。

〈ケース1〉下高井戸放火事件——虚偽自白の作られ方

白昼の出火

東京都内の甲州街道沿いで寿司店を経営していたTは、2000年3月2日午後、木造2階建ての2階の居室で眠っていた。Tは寿司店の経営が思わしくないので郵便局で深夜のアルバイトをしており、その日の朝帰宅した。妻はすでにパートに出勤し、娘も小学校に出かけ、Tはひとりだった。

午後1時過ぎ、寝苦しくて目覚めると、押入から黒い煙が立ち上がっていた。Tは異常に気づいてパニックになりながら、紙袋に目についたものを詰め込んだ。

この建物の1階部分は中央で仕切られ、隣はペットショップだった。2階部分は3つに仕切られ、201号室がペットショップの倉庫、202号室と203号室がT一家の居室で、Tは203号室で就寝していた。この日はペットショップも閉店していて、1階のシャッターは閉め切っていた。床面積約98平方メートルのうち約68平方メートルが焼損した。

翌3月3日、警察署と消防署による現場の検分が行われた。消防署は、燃え残りの状況から、出火箇所を寿司店1階の西側の壁近くで、テーブルとテーブルの間付近と特定した。

焼け止まったところから、木材の炭化度などを比較して焼けが弱い方から強い方へとたどっていくと、寿司店1階へとたどり着く。したがって出火した部屋は寿司店1階である。そして寿司店1階では、西側の壁が、コンクリートが一部剝離するほど強く焼け、そこに扇形に炎が立ち上がった痕跡があった。

消防署は、出火箇所にはガスなど、火元となるものがなく、タバコの痕跡もないこと、寿司店1階の裏口にはカギがなく外部からの侵入が容易であることから、出火原因は放火によるものと推定した。警察署も結論が一致した。

火災時、建物内の居住者はTしかいなかった（もっとも前述のように寿司店1階の裏口ドアには施錠設備がなく、何者かが侵入した可能性が残る）。

Tは寿司店経営が思わしくなく、3月末の閉店に向けて「閉店セール」をやっていた。サラ金数社から借金をし、火災後保険金を受け取ってサラ金へ返済した。警察はこれらの乏しい情況証拠からTを疑った。しかし決め手はなく、2000年10月、高井戸警察署に警視庁捜査一課が加わって捜査本部がつくられた。そしてTを連日呼び出し、自白を迫っていった。

「私がやりました」と言わされるまで

11月22日早朝、中野区内に引っ越していたT宅前に警察官数名が突然あらわれた。車が玄関前に横付けされ、警視庁本部まで連行された。妻は高井戸警察署に連行された。警視庁に到着するとTは、まずポリグラフ（嘘発見器）検査を受けさせられ、「二、三ヵ所反応している」といわれた。Tは「そんなはずはない」とショックを受け、「どこが反応しているか、教えてくれ」と技官に頼んだが「教えられない」とのことだった。

その後、何回も鉄扉と鉄格子をくぐらされ、そのたびに重たい錠がおろされた。最後に窓のない部屋に通された。15分ほど待たされると警察官があらわれ「おれは捜査一課のNだ！」とばかでかい声で挨拶をした。

N警部補は、「情況証拠が真っ黒だ。お前は犯人でなければ知らないことを知っている」と言ってきた。さらに「なんで119番通報しないんだ。119番できねえよな、てめえ放火しているし、燃えなきゃ困るもんな」「ぼけーっと突っ立ってやがって、消火活動も何もしない」「火事ぶれも、ふつうは焼け出されたやつなら大声で気違いみたく叫ぶ。お前は何もしない」「前もって準備して、用意万端だな。貴重品を持ち出している」などと責めたてた。Nは、「俺は剣道の達人だ。この前日本刀を持って竹を切りに行って竹を切った。次は犬猫が切りたくなって犬猫を切った。最後は人間を切りたくなった」とも述べた。

Tは二日酔いで途中何度もトイレに立ったが、そのつど2名の警察官が立会った。トイレは扉の真ん中がくり抜かれ、大便をしているときも外から丸見えだった。

Tは「具合がわるいから早く帰してください」と言ったが、Nは「もう帰せない」と言って取調べを続けた。その日、Tは午後10時すぎから郵便局のアルバイトだったため、そのことを訴えたが、Nは、「帰せない。警察には関係のないことだ」と述べた。最後にようやくNが「『明日も出頭します』と一筆書けば帰してやる」と言ったので、Tはその旨の「上申書」を書かされて、午後11時すぎにようやく帰宅が許された。

妻が夜中に犬を散歩させていたところ、警察官が見張っていた。Tは、ほとんど一睡もできないまま朝を迎え、前日と同じように警視庁に連行された。妻も高井戸署に連行された。

Nは「このままでも逮捕・起訴できる。逮捕される前にしゃべった方が裁判官の心証がいいから、懲役5年のところ、情状酌量されて3年で出られる。俺に任せておけば大丈夫だ」と述べた。さらにNは、「草葉の陰で親が泣いている。一寸の虫にも五分の魂だ。真人間になれ」「日本には行方不明者が何人いると思う。何千、何万か、どこに埋まっているか知らないが、あちこち仏さんだらけだ。人をさらってくるなんて簡単だ。山の中に連れて行って殺してもわからない」などと述べた。

Tの妻は異常な高血圧が続いており、体調が悪かったので、「女房はいつまで調べられるんですか」と聞いたところ、Nは「10日間ぐらいだ」、さらにS巡査部長も「お前がしゃべらないと女房の調べがきつくなる。逮捕することになるだろう」などと述べた。Nは、「女房が海で溺れている。お前には助けられない。しゃべれば、警察が船を出してやる。女房を見殺しにすんのか」と述べた。

Tは、意識が朦朧《もうろう》とするなかで、自分がやったとしゃべらなければ妻が逮捕されると思い込み、11月23日午後6時ごろ、「これからしゃべりますから女房を帰してください」と言って、虚偽自白を始めることとした。

「どうやったのか」と聞かれて

Nは、「わかった。約束は守る」と述べて、S巡査部長に高井戸警察署に妻を釈放するように指示しろ、と述べた。急に優しくなり、タバコを吸わせ、火までつけてくれた。そして「どうやったのか」と聞いてきた。

Tは「しゃべります」と言ったものの、実際にどのように放火が行われたのか、わからないために話ができなかった。続いて「どこに火をつけた」と問われたが、考え込むばかりで答えられなかった。

するとSは、「この日は、ペットショップは休みで1階のシャッターは鍵が閉まっている。誰も入れない」と述べた。ヒントが与えられたようだった。

Tは、またしばらく考え「ペットショップ2階です」と答えた。

Tは「1階は誰も入れない」と言われたことから、放火の場所は2階だと思った。そして自分の家に火をつけるのはおかしいと思ったので、放火場所はペットショップにしようと思った。こうして「ペットショップ2階」という答えになったのだ。

Nが「最初から話してくれ」と言うので、「寝ていたところトイレに行きたくなり、タバコを吸いながらトイレに立つとペットショップのドアが開いていた」と述べた。実際に午前11時ごろに一度トイレに立ったことがあったからだ。ペットショップのドアが本当に開いていたかどうかは知らなかった。

「部屋に入ったらどんなにおいがした」とNが聞いてきたので、「犬、猫の小便のにおいがした」と述べた。「ほかにも何かにおっただろう。よく思い出して考えろ」と言われ、「石油のにおいがした」と答えた。実際に廊下が石油臭かったからだ。

Nにペットショップの部屋の配置について聞かれ、「わかりません」と答えた。「左側に何があった」と聞かれたので、適当に「壁です」と答えると、Nは「壁じゃなくて、Tの家と同じ造りだ」と言ったので、きっと押入のことを言っているのだと思い、「押入」と答えた。

Nは「押入の扉は閉まっていたか」と聞いてきた。ふつうは閉まっていると思ったので、Tは「閉まっていた」と答えた。左右どちらに開けたのかを聞かれたので、「左に開けた」と答えた。「押入のなかに何があった」と聞かれたが、「わかりません」と答えると、「石油臭かったんだろう。石油は何に入っている」とヒントを与えてきた。「ポリタンク」と答えると、「ポリタンクはどんな色か」と聞いてきた。「オレンジ色です」と答えると、「バカ野郎、ポリタンクは赤か白かだ」「赤です」となった。「ポリタンクをどうした」「ふたを開けなきゃ石油は出ねえぞ」と言われたので、「ポリタンクを押入の外の床に出したとき、ふたを開け、そのときポリタンクが倒れ、吸っていたタバコの火が落ち、火がついた」と述べた。

しかし、ここでNは、「タバコじゃあ火がつかない」と述べた。しばらく問答が続き、Nは「実験してくる」と言って取調室を出て行った。

S巡査部長が「お前の話は寿司屋へ行って、味噌ラーメンを食ったと言う話だ。それで、あそこの寿司屋の味噌ラーメンはうまいと言っている話だ。寿司屋に行ったら、寿司食うんだ。わかるだろう」と言ってきた。Sは紙を床に置き、紙を蛇腹状に折り曲げてタバコの火を上に置く実験をし、「やはりつかないだろう」と述べた。

Nが「実験」から戻ってきて、タバコを30本試したが、タバコでは火がつかない、と述べた。「生火じゃねえとつかないんだ」。Tが「生火って何ですか」と聞くと、「裸火のことだ」と述べた。

Nが「T、タバコを吸うときはどうするんだ」と聞いてきたので、ライターで火をつけると思い、「100円ライターで火をつけた」と述べた。「ポリタンクを倒したときにどんな音がした」と聞かれたので、「ドクドク、ドックンです」と適当に答えておいた。

このようにして、以下のような自白調書がつくられた。


「起きてトイレに行くとペットショップの2階のドアが開いていました。ペットショップの2階の押入の引き戸を左の方に開けると赤いポリタンクがありました。そこでむしゃくしゃしていたので放火をしようと思いました。ポリタンクを取り出して押入の床に倒しました。ドクドクと石油が流れました。新聞紙に100円ライターで火をつけ、着火させました」


Tは、同趣旨の「上申書」2通を自筆で書かされた。これは、S巡査部長が口述し、それをTに筆記させたものだ。これらが逮捕状請求資料となり、裁判官は逮捕状を発付した。24日の昼にも警察官の前でTは自白を続け、検察官の前でも自白を続けた。検察官のところへ行く前に「こう聞かれたらこのように答えろ」と警察官から入念な助言を受けた。

24日夜、妻から依頼を受けた羽鳥徹夫弁護人が接見に駆けつけた。Tは無実を訴え、虚偽自白をしたのは「このまま否認すると女房が逮捕されると言われたんです」と訴えた。

弁護士は「否認しても奥さんが逮捕されることはない。あなたがまた嘘の供述をして奥さんが共犯だと言えば逮捕される」と助言し、Tは25日の裁判官の勾留質問から否認に転じた。

羽鳥弁護人は毎日、接見をした。Nはその後も「普通の弁護士は争わないで情状酌量を求める。刑務所に行くのはお前だ。弁護士はお前が懲役行ったらさようならだ」と述べ、弁護士を解任するように言った。

しかし、連日の接見で励まされたTは、黙秘ないしは否認をつらぬくことができた。否認調書（容疑を否認した調書）2通が作成された。その他Tが署名・指印を拒否した否認調書数通が作成された……。

こうして、Tの虚偽自白は止まったが、自白調書数通が残され、裁判ではこの自白が「任意に」されたものか否かと、信用できるかどうかが争点となった（この事件の結末は、第4章〈ケース12〉で述べる）。

〈ケース2〉神奈川県の死体なき「殺人」事件——被疑者の社会的抹殺

不倫相手の失踪

M（当時42歳、以下同）は、神奈川県の県央地区の某市で自営業を営んでいた。家族がいるが、かつて女性Y（失踪時47歳）と不倫関係にあった。その女性が、2007年5月の連休明けから行方不明となった。別居中の夫からYに連絡が取れず、勤務先にも出勤してこなかった。神奈川県警がマスコミに漏らしたところによれば、女性は同僚に、「連休中は、若い男性と香港に行く」と話しており、女性の「パスモ」を調べると、5月3日に某駅で降車したことが履歴の最後に記録されていたとのことである。

警察は、Yの日記などから不倫相手としてMをつきとめ、同年6月から事情聴取が始まった。

9月6日早朝、警察のワゴン車がMの自宅に乗り込んで来た。外にはもう1台のワゴン車が待機しており、総勢6名の警察官がいた。Y警部補が、「Yのことで話が聞きたい。ちょっと車に乗ってくれ」と言い、いやがるMを、肩をつかんでむりやりワゴン車の右側スライドドアから乗り込ませた。

この日、Mは、東京都の郊外に仕事に行く予定だった。Mは「何ですか。僕は忙しいから帰ります」と言ったが、Y警部補は警察手帳を見せ「神奈川県警の捜査一課だ。お前わかってるんだろうなあ。帰れねえんだよ」と言った。「いつごろ帰れるんですか」と問うMに対して、Y警部補はすごくうれしそうにニヤッとした顔をして「そんなこたあわからねえよ。帰れるかわからねえよ」と答えた。

朝6時40分に車は警察署に到着し、Mは、裏口の階段から2階の取調室に入れられた。部屋の広さは1坪ぐらいで、そこに事務机が一つ、椅子が3つ置いてあった。右側はおそらくマジックミラーになっていて、入り口はいつも半開きだった。

朝7時ごろ、同じく神奈川県警本部から警察署に応援に来ているJ警部が、ポリグラフ検査を受けるように言ってきた。

Mが「強要するならポリグラフはことわります」と言うと、Jは、ものすごい勢いで机をバーンと叩き、「そんなこと言ってる場合じゃない！　もう先生も来て準備もできているんだ！」と怒鳴った。Mは、ビクビクしながら「任意ならことわります」となおも言ったが、Jはまたバーンと机を叩き、ポリグラフへの同意書とボールペンを投げつけるように前に出してきて「同意しろ。書け」と言った。Mが「いやです」と述べると、さらにバーンと机を叩き、「お前の立場はそういう立場じゃねえ！」と怒鳴った。頭が混乱してきたMは、仕方がなく同意書に署名・押印すると、刑事らに取り囲まれて別室に連行された。

とても狭い部屋だった。Y警部補が「先生、よろしくお願いします」と言うと、ワイシャツにネクタイ姿の年配の技師が検査を始めた。検査機は、アタッシェケースをぱかっと開けたような感じの機械で、そのケースと配線のターミナルの感じが「昭和のもの」のような年代を感じさせた。

技師が「調整に入ります」と述べ、左手指先に何か電極をつながれ、胴体周りに何かを巻き付けられた。以下のような問いにすべて「いいえ」で答えさせられた。

質問「どうやって殺しましたか」……「私は首を絞めて殺しました」「私は刃物で刺して殺しました」

質問「死体はどうしましたか」……「私は死体を埋めました」「私は死体をゴミとして捨てました」

動悸が起きたりすると、ちょっと落ち着いてください、と脈が落ち着くまで待たされたりした。1時間半ほどかかって終了し、取調室に戻ると、午前10時前だった。

真実を語る椅子

先ほどと同じ3人の刑事が入ってきた。J警部は、机を叩きながら「ポリグラフの結果が真っ黒だ！　お前が犯人だ！」、Y警部補は、「お前が首を絞めて殺したんだ。お前のその手だ！」と言ってきた。

その後「やったと認めろ」と言われ、押し問答が昼まで続いた。途中10時半ごろ、Mは相談をしていた近所のS弁護士に電話をさせてくれ、「電話させないんだったら任意なんだから帰る」と述べたところ、Y警部補が折れてきた。

昼にS弁護士が来て外に連れ出してくれたが、「1時間だけ」という約束をさせられた。徒歩5分のところにあるマクドナルドで、やっとコーヒーを飲んだ。マクドナルド前を刑事が数名で張り込んでいた。

警察署に戻り、老齢のS弁護士が「任意だから帰っていいじゃないか」と声を張り上げたが、刑事らは「ダメに決まってるじゃねえか！」とすごみ、激しく罵声を浴びせ合った。S弁護士は70歳を過ぎているとは思えないほどの気迫で「ファクスで抗議をするから、事件名、担当の部署、担当刑事、ファクス番号を教えなさい」と述べたが、刑事らは教えようとしなかった。

Mは取調室に戻され、Y警部補、T警部補、J警部の3名から入れ替わり立ち替わり、脅したり、罵ったり、なだめたり、のくり返しをされた。最初はTが正面の椅子に座った。Tは、「お前のことはすべて知っているんだ。生い立ちから奥さんとの馴れ初めまでな。担任教師からも話を聞いている」と述べた。

お前がやったんだ、という言葉に対してMが「違います」と述べると、Tは机を叩き、隣のパイプ椅子に座っていたYが机を蹴り上げてきた。「某駅でお前の車を停めていただろう。目撃者がいるんだ！　防犯カメラにYが乗り込むのが映っている！」（これは後にたぶん嘘だとわかった）。

しばらくすると、半開きのドアからメモが入ってきた。メモには平仮名で「ぬるい」と書いてあるのが読み取れた。ときになだめるつもりか、Tは、「お前だけが悪いんじゃない。相手の女性にも悪いところがある」などとも言った。

Mがつらい思いをしたのは「姿勢の強要」だった。Mは持病の腰痛（椎間板ヘルニア）で、コルセットをしていた。「きついからコルセットを緩めさせてくれ」と言うと「ダメだ」、「屈伸させてくれ」と言うと「ダメだ」と拒否された。そして足を組むと、バーンと机を叩いて「きちんと座れ！」と怒鳴られた。Tは言った。「足はきちんと揃えろ。手は握って膝の上に置け。目はしゃべっている人の方を見ろ。お前が座っている椅子は、懺悔《ざんげ》する椅子、真実を語る椅子だ」。Mが座らされた椅子は、座面が前のめりになっており、腰に負担がかかる椅子だった。Mが「代えてくれ」というと、「これは『真実を語る椅子』だ。ダメだ」と拒否された。

Jは、「オレは麻原彰晃を取調べたことがある」と脅してきた。Mがとぼけて「松本智津夫さんのことですか」と聞くと、「そうだ！」と言ってキレていた。3人のなかではJ警部が「分隊長」と呼ばれ、他の2人の警部補の崇拝を受けているようだった。

夜10時ごろ、急に「今日はこれで終わる」「明日も迎えに行く」と言われた。3人の刑事は相談後、「明日は7時45分、家に車で乗り付けるから。みっともないだろうから、家の外で待っているから、そこまで自分で来い」と命令した。

「その手で殺してるんだよ！」

翌日も同じ部屋で、午前8時45分から取調べが始まった。

警察は、4月から5月にかけてのMについてのこまかい「時系列表」をつくっており、「時系列表」にもとづいて聞いてきた。「4月半ば、奥さんの車が自宅所在地のA市から失踪女性の自宅所在地のB市方面に走っているのが『Nシステム』で確認されている。これはどういうことか？」

Mはよくわからず「B市の百貨店に買い物に行ったのではないか、私が運転していたのではない」と答えると、Tは、「A市からB市の百貨店に買い物に行くはずがねえだろ！」と怒鳴った。

次に警察は、「女性がオマエに連絡用の電話を渡しているという証言があるんだ！オマエの知人が電話を2台見たことがあるという証言があるんだ！」と怒鳴ってきた。Yが携帯電話をもう1台持ち、それをMに渡したと仮定していたようで、これを「ホットラインン」と名づけていた。

Mがそのような携帯電話は持っていないと述べると、「じゃあ、他に誰が持っているんだ。2人目のM君がいるのかな。そいつを連れて来い。オマエじゃなかったら誰だ」と陰湿に聞いてきた。

「このまま認めなかったら、仕事先に手入れをする。今はオマエのためにやってるんだ」と警察は述べたが、じつはすでに5月には、警察は早々と仕事先からこまかくMの行動を聞き出していたことが、後にわかる。

昼食は「何でもいいな」と聞かれたので、千円札1枚を渡すと、おにぎり2個とお茶を買ってきた。1個分も喉を通らず、お茶だけを飲んだ。

午後は2時ごろまで、時系列表にもとづいた聞き取りが続いたが、取調室の半開きになったドアからメモが飛んできて、以後、取調べは一変した。

Jが椅子に座り、机をバーンと叩き、「オマエが手で首を絞めて殺したのは分かってるんだ。その汚れた手でオマエはお母ちゃんを触れるのか。子どもの頭を撫でてやれるのか。その手で殺してるんだよ！」などと言った。

3人が入れ替わり立ち替わり、T、Yがやさしくなだめるような感じで取調べ、その後Jが机を叩いたり、椅子を蹴っ飛ばしたり、威嚇的に取調べる、ということがくり返された。

Mは彼らの話をまともに聞いていると、頭がおかしくなりそうだった。「僕は、もしかしたら憶えていないだけで、やってしまったのかもしれない」という気持ちになりそうになったことがあり、そこに落とし込まされそうになっていることに気がついた。

少し冷静になり、今苦しいから「やった」と言ったとしても、その後「死体をどこに隠した」「どこに埋めた」と聞かれたときに、また話に困るなあ、という気持ちが起きて、そこでまたハッと我に返った。「やっていないものはやっていないし、知らないものは知らない」そう思ったのはたぶん、夕方ごろだった。

それからは、時間の流れがものすごく遅かった。Mは「真実を語る椅子」の上で姿勢を変えられないつらさに耐えながら、「昨夜10時に終わったから、10時まではガマンしよう」と考えていた。

J警部が9時20分ごろ取調室に入ってきた。

「今日はこれで終わりにする。ただし、明日も来い。明日は本当のこと言います、と書け」と命じて来た。「明日は本当のことを言います」という「上申書」を書けと言う。Mが「いやです」と答えると、Jは「じゃあ帰せねえ」と言ったが、Mの拒絶が動かないとわかると、「じゃあ握手だ。明日は本当のことを言うな。握手だ！」と握手を求めてきた。Mは「いやです」と握手を拒んだ。Jは、Mの妻と父が迎えに来ていることを告げ、さらに手を差し出してきた。Mは「『本当のこと』というのは、僕はやっていませんという本当のことのつもりです」と述べて、しぶしぶ握手に応じた。

その後、署の3階に通された。Mはすぐには歩けず、3分間ぐらい屈伸運動をして、ようやく机と壁伝いに、壁にすがるようにしながら歩いた。Jは、父と妻の前で「明日、自供すると約束しましたから」などと勝手に言い、また握手を求めてきた。もう衰弱し切っていたMは、Jに手を取られるようにして、むりやり握手をさせられた。Jはダメを押すつもりか、「お父さん、明日は本当のことを話すと約束してくれましたから」と言った。Mは朦朧としながら「くさい演技をしやがる」と思ったが、もうくたくたで何も言えなかった。

妻の運転する車で、Mは自宅まで戻った。到着すると丸刈りの刑事が、父に対して「逃げないように責任を持ってくださいね」と押しつけがましく言ってきた。追尾してきた2

台のワゴン車が、朝まで自宅の脇に車を止めて監視をしていた。Mは一睡もできずに朝を迎えた。

翌9月8日午前8時、2名の刑事が迎えに来た。Mが「少しからだをほぐしてから」と言って引っ込むと、「約束しただろう！」「逃げるのか！」「早く出て来い！」と玄関先で怒鳴り続けた。午前中、この2日間の取調べのひどさに抗議する趣旨の内容証明郵便を、S弁護士に警察署宛に出してもらった。

警察は玄関に車を横付けにしたまま、抗議をしても、一切どかそうとしなかった。午前11時40分、父が警察の上司と話して、「逃げないように責任を持つから」という約束をして、やっと車をどかせた。しかしその日中、刑事らは車を近くの道路に止め、勝手に庭の中をうろついたりした。

「毎朝体調の確認に来ますから」

翌9日の朝は、3名の刑事が来て、Mに出頭を求めてきた。「体調がわるいので出頭できません」と断ると、刑事は「では毎朝体調の確認に来ますから」と述べた。事実、それから毎日、刑事が朝自宅に来るようになった。

子どもが学校へ行った後に見計らったように来て、「今日は具合はどうだ。警察に来られるか」「A署だけど。今日はどうだ」Mは、腰が痛くて起き上がれず、妻が警察に対応した。T刑事は「腰がダメなら、こっちで病院に連れて行ってやろうか。どうしてもダメなら救急車で行けばいいんだよ。本当のことを話して解決しましょうよ。じゃないと、我々も毎日来るだろうし、本人もつらいし、家族もつらいだろうから」と述べた。

警察は、年末までほぼ毎朝、その後も翌2008年の4月からお盆にかけて毎朝、自宅に来て任意出頭を求め続けた。

この間ずっと、警察は毎日交代で、M宅を張り込みしていた。そして、M宅に出入りをするすべての人を呼び止め、どういう関係か、何の用事かを聞き、「Mがつき合っていた女性が行方不明で捜しているんですよ」と言ってYの写真を示し「何か知りませんか」と聞いた。酒屋、材料屋、銀行、クリーニング屋、コピー屋の従業員、父母の友人、妻の実家、親戚、妻の友人、Mの友人などしらみつぶしに呼び止めた。しばらくすると、酒屋以外の出入りはなくなった。

張り込みは、車を2台ほど近くに停めて行った。他にも、向かいの国土交通省の官舎の一室を借りて、そこから監視をしていた。夜間は、赤外線カメラで動静を観察していることがわかった。

Mの社会的抹殺

警察は、2007年9月6日に「被疑者不詳」で「殺人被疑事件」の捜索・差押令状により、M宅を捜索し、パソコン、携帯電話、手帳、年賀状などを差し押さえた。令状なしで、NTT、NTTドコモからMの電話履歴の照会を受けて通話先を特定した。

そして、Mの知り合いに対していっせいに聞き込みを行った。その範囲は、同級生、同業者、地元の自営業者団体やボランティア団体のメンバー、仕事先から、行ったことがある店の従業員にまで及んだ。聞き込みにおける刑事の説明は、誰に対しても、ほとんど同じだった。

「MとYは、10年来の不倫の関係にある。この二人の関係は、女性の思い違い(少し頭の変な女性でそのことによるかもしれない)により、かなりこじれており、邪魔になった結果、殺害したようだ。女性のご主人には、アリバイもあり嫌疑は晴れており、Mが犯人であるから早く対処するように懇願されている。情況証拠は完全にクロであり、犯人はMであると断定できる。現在、女性の死体は見つかっていないが、どこかに埋めたのだろうから、大変だがこれから発見しなくてはならない。何か気がついたことがあれば、連絡をして欲しい」

刑事は、証拠があるのでMは完全にクロだと力強く述べた。こうした「聞き込み」は、彼の親戚にも及んだ。

同年10月には、叔父のひとりがすごい形相でMの自宅を訪ねてきた。

「家に刑事が来たぞ。どういうことなんだ！　刑事は『赤い車に乗せて連れて行って殺して埋めているんですよ。それなのに、警察に来て話をしようとしないので、叔父さんからも来るように説得してください』と言ったぞ」

Mが違うと言ってもなかなか納得しなかった。

「やってないんだったら警察に行って正直に話して欲しい。身の潔白を明らかにして来い！　近所に言いふらされてみっともない。お前のうわさだらけじゃないか！　家から出られないじゃないか！」

警察は、Mの家族に対してまで、Mが犯人に間違いがないと説得をこころみた。Mの父親は、畑を借りて耕していた。２００７年10月、ある日の夕方「分隊長」がその畑に来て、「お父さん、M君は情況証拠からしてクロなんですよ。警察に出頭して、早く終わらせるように、お父さんから説得をしてください。畑に死体が埋まっているかもしれない、そういう可能性がある」と述べた。そして警察犬を連れて来て畑を嗅ぎ回らせた。「地主の方の承諾を得ています」とのことだった。父親は、２００８年の正月ごろ、地主に言われて畑を返すこととなった。

警察は、父親、母親、妻、それぞれに「担当」の刑事を宛てるようになった。

仕事関係では、6月ごろからMが仕事を受注したすべての取引先に警察の聞き込みが入り、新しい仕事は一切入らなくなった。

2008年1月には、再度「被疑者不詳」の「殺人被疑事件」で家宅捜索が行われ、神奈川県警からリークされたマスコミが家宅捜索の様子をいっせいに放映した。その直後、Mは、大手取引先から「請求書番号」を抹消され、受注は一切なくなった。

地元のボランティア団体もやむなく退団し、自営業者団体も退会させられた。

M自身は、2007年の9月6日、7日に警察の取調べを受けた後、最初は腰痛で動けなかったが、毎日任意出頭を求められ、24時間の監視を受けるなかで精神的に疲労して行き、ついに寝た切りになってしまった。仕事は、弟と従業員に任せるほかなかった。

仕事に行けないだけでなく、外出することもほとんどできなくなった。やむなく精神科に通うことになり「神経衰弱状態、反応性抑うつ状態」と診断された。すると警察は、おそらく通話履歴を調査したのだろう、主治医にも、ただちに警察から「捜査関係事項照会書」が送られてきて、病状や薬の種類などを教えろと言ってきた。

友人のひとりは、この状態を「M君の社会的抹殺」と表現した。

Mのこのケースは、結局、神奈川県警は殺人事件ではなく失踪事件とした。もちろん起訴もされていない。横浜弁護士会は、Mの人権救済申立てを受けて、神奈川県警察本部に対して人権侵害の警告を発している。

警察が全力で虚偽自白を迫るとき

ここまで、二つのケースを見てきた。

ここまで述べてきたように、警察が組織力を使って全力で虚偽自白を迫るとき、それに抗しうる者は少ない。虚偽自白は、取調べ圧力のもとで、〈ケース1〉のTのように、頭を混乱させ、判断力を一時的に低下させて、自分が虚偽自白をする以外の選択がない、それがベストの選択だと思い込ませるか、〈ケース2〉のMのように、やはり頭を混乱させ、「記憶はないが、本当はやったのかもしれない」と思い込ませるなどの方法により獲得される。

痴漢などの比較的軽い罪では、認めれば略式裁判が行われ、罰金刑で翌日にも釈放されるが、認めなければ勾留され、保釈が許可されるまで一、二ヵ月は出られないと聞かされ、それだけで虚偽の自白をしてしまうことがある。この場合、身柄拘束を続けること自体が「拷問」のように使われている。

「3日あったら、お前に、殺人を自白させてやるよ」

しかし自白は、「私がやりました」と認めればすむものではない。「どうやったのか」を説明しなければならない。その説明が、現場の状況と符合していなければならない。1980年代に、ある元刑事は、新聞記者の椎屋紀芳氏に対して次のように述べたという。

「殺しの調べというものはナ、〃私がやりました。動機はかくかくしかじかでございます〃だけではダメなんだ。そんな大筋のことなら、三ツ児の手をひねるように簡単だ。そんなことより、肝心なのは節々よ。大筋なんざあ、どうだっていい。犯行否認だっていいんだ。網の目のような小さな節々が、カメラのピントが合うように、ピシッと決まって来なくちゃあ、本玉じゃないんだよ。半田でもそうだったが、ウソの自白というものは、細かな所がどうしても事件と合わん。あっちを合わせれば、こっちがくずれる。こっちを合わせるとあっちと矛盾する。どこも合わせようとすると全体がボヤけて来る。うたった(自供した)うたった、といって跳び上がるようなこっちゃあ、しょせん殺しの調べは無理なんだよ。お前んとうは、〃私がやりました〃といやあ、それで犯人だ、やってないものが死刑になるかも知れん事件を、やったというはずがない、と考えているだろう? 人間はな、そんなに強いもんではないよ。細かな所はどうでもいい、キメ手などは出さんでもいい、ただ殺しを自供させてくれ、と被疑者をあてがわれれば、3人でも4人でも同じように自白させてみせるよ。

今どきそんなことが、という顔をしているナ。何ならやってみるか。お前さんでもいいよ。お前んとうは刑事の手の内を多少聞きかじっているから、少しゆとりを見て、そう3日でいい。3日あったら、お前に、殺人を自白させてやるよ。3日目の夜、お前は、やってもいない殺人を、泣きながらオレに自白するよ。右のとおり相違ありません、といって指印を押すよ。

いいか、自白なんてものは、そんなもんだ。ただうたっただけでは、それこそ屁の突っぱりにもなりゃあせんのだ。もっともそのことのわからん幹部や刑事が多くなってきたがね」(下村幸雄『刑事裁判を問う』1989年、勁草書房、167〜168頁より)

〈ケース1〉の下高井戸放火事件では、Tは「私がやりました」と認めたものの、「どうやったか」の説明を求められ、返答に窮している。実際は犯人ではないために犯行を知らず、想像でしゃべらざるをえないからだ。

無実の者が虚偽自白をするときには、一気呵成《いっきかせい》にしゃべることができず、どうしても「つっかえつっかえ」しゃべることになる。そしてしょっちゅう、警察官の知っている現場の状況と符合しない返答をしてしまう。そこで何度も同じことを聞かれることになり、「正解」に達するまで許してもらえない。ヒントをもらったりして「正解」に達すると、問答はようやく次の段階に進むことができる。

この事件でも、そのようにしてようやく概括的な自白調書が作成された。しかし、肝心の放火場所について、Tは、実際は寿司店1階の壁付近であったのに、ペットショップ2階の押入内であると間違った答えをしてしまい、警察も自白調書をもとに逮捕状を取るために急いでいて、その点をやり過ごしてしまったのである。

「私がやりました」と言わせるためには、先に引用した元刑事の話のように、多くは2〜3日あればよい。章の冒頭に述べたように23日間もの身柄拘束が必要となってくるのは、「どうやったか」を現場の状況に符合させるため、何度も訂正を重ねながら、虚偽の自白調書を完成させなくてはいけないからである。

〈ケース3〉志布志《しぶし》事件──複数名の虚偽自白

何名もの虚偽自白を一致させる

共犯者が多数とされる冤罪事件では、例えば数名が捜査段階で虚偽自白をすると、否認を通した人々についても、公判では、その数名の捜査段階の虚偽の自白調書が、検察官により有罪の証拠として提出される。

捜査段階で虚偽自白した数名も、公判では、否認をして「捜査官に嘘の自白をさせられた」と主張している。

こうしたケースは昔から多くあり、例えば松川事件などがそうである。最近では、13名の無実の被告人が公職選挙法違反に問われた鹿児島の志布志事件などがある。

数名が虚偽自白をしていると言っても、全員が無実であれば（そのような事実を知らないのであるから）、ひとりひとりが前述のような虚偽自白の経過をたどる。捜査側は、複数名の虚偽自白の内容を一致させる努力をすることとなる。

ここでは、志布志事件を、そうした事例の典型例として振り返ってみよう。

志布志事件は、２００３年４月13日に投票が行われた鹿児島県議選で、定数３名に対して４名が立候補し、新人のN候補が当選したが、その選挙運動についてデッチ上げられた公職選挙法違反事件である。選挙前日の12日には、鹿児島県警刑事部捜査２課と志布志警察署の「選挙対策本部」が立ち上げられている。

ひとくちに志布志事件といっても、次のように、いくつかの事件がある。
(1)投票依頼のため、ホテル経営者のKが建設業者にビール1ケースを供与したとされた「ビール供与事件」
(2)投票依頼のため、N候補の経営する会社の従業員であるFらが焼酎2本と現金1万円ずつを13名に供与したとされた「焼酎、現金供与事件」
(3)「懐集落」の同じくF宅で、2003年2月から3月にかけて合計4回にわたり投票依頼のため買収会合が行われ、合計13名に対して現金計191万円が渡されたという「会合事件」
(4)消防団長が、現金20万円を供与され、そのうち8万円を8人の消防団員に対して配ったとされた「現金供与事件」
このうち、検察官が起訴できたのは、(3)の会合事件のみである。

志布志事件では、取調べ中に警察官が「お父さんはそういう息子に育てた覚えはない」「早くやさしいじいちゃんになってね」などとA4サイズの紙3枚に書いて、むりやりこれを踏ませた「踏み字」事件が知られている。これは(1)の「ビール供与事件」の取調べにおいて行われた。

しかし、ビール供与事件は、ビールを渡した趣旨が、ホテルにお客さんを紹介してくれたお礼であり、投票依頼の趣旨ではないことが判明し、不起訴となった。「踏み字」の取調べをした警察官は、後日、特別公務員暴行陵虐罪で起訴され有罪となった。

(2)の「焼酎、現金供与事件」を象徴することのひとつは、Fが、志布志警察署に「任意同行」をされて取調べを受けているときに、警察署の取調室からFの姉に対して「私から焼酎2本と1万円をもらったことにして」と携帯電話で懇願し、「でも、もらってないものは認められない」と姉に断られていることだ（この会話は、婦人警察官がICレコーダーで録音していた）。

この「焼酎、現金供与事件」では、受供与者とされた人々に対して、連日「任意同行」をして10時間、11時間の長時間の取調べを行っている。「今日は病院へ行く」と任意同行を拒否しても、警察は車で病院にまでついていき、帰宅にもついてきたりした。点滴を受けていた人々が何人かいたが、点滴後、志布志警察署に「任意同行」され、取調べを続けられたりした。

そうしたなかで、Yは、連日の取調べに耐えきれず、近所の滝壺に身を投げて自殺をはかったが、近くにいた釣り人に助けられた。助けた人は、「死んだ方がましだ」と聞いたと法廷で証言したが、警察で作られた調書では、「死んでお詫びをする」と聞いたとねじ曲げられていた。この「焼酎、現金供与事件」も結局、受供与者側からの裏付けが取れずに、起訴されずに終結している。

(4)の「現金供与事件」は、消防団長が、強圧的な取調べから、8名の消防団員に対して1万円ずつを配ったことを認めさせられた。しかし警察は、この8名から裏付けさえ取ろうとせず、1名も取調べずに、事件を見送っている。消防団長を「自白」させたときから、その虚偽性を認識していたとしか思えない。

架空の「会合」

さて、起訴された(3)の「会合事件」である。検察官の起訴内容は、以下のようなものであった。

① 2003年2月上旬ごろ、懐集落のF宅で会合が行われ、N候補とFから投票買収、運動買収の趣旨で、現金6万円ずつが5名に交付された。

② 同年2月下旬ごろ、同じくF宅で会合が行われ、N候補とN候補の妻、Fから投票買収、運動買収の趣旨で現金5万円ずつが5名に交付された。

③ 同年3月上旬ころ、F宅で会合が行われ、N候補、N候補の妻、Fから現金5万円ずつが5名に交付された。

④ 同年3月下旬ごろ、F宅で会合が行われて、N候補、N候補の妻から、現金10万円ず

つが、10名に対して交付された。

懐集落は、わずか7世帯しか住んでおらず、外部からもあまり人が訪れることのない山奥の過疎地域である。被告人とされた人たちはお年寄りが多かった。買収会合に参加したとされる人々は、4回ともメンバーがほぼ重なっており、合計191万円も現金を供与されたとされながら、彼らがN候補のために票を読むなど何らかの選挙活動をしたという裏付けは、全く取れていなかった。

はたしてこれほど実効性の乏しい買収工作を行うだろうか。起訴内容自体が、少し考えると不自然だった。

この13名の被告人のうち、6名の被告人が捜査段階で自白をしていた。その最終的な自白調書は、会合の回数、時期、出席者、それぞれの会合で供与された金額について、ほぼ一致した内容になっていた。また最終的な自白調書はかなり詳細なものになっていて、例えば、1回目の会合で誰と誰がケンカをしたとか、2回目と3回目の会合のつまみは落花生と裂きイカなどだったが、4回目の会合ではオードブルとか刺身が出たとされ、その内容がこと細かく記されていた。そしてN候補の妻がどんな服装だったとかその色合い、ハンドバッグの色や形状までが「自白」されていた。

しかし最終的な自白調書を作成するに至るまでの過程において、会合の回数が最初は1

回だったのに、2回、3回、4回、5回などの供述が出て、最終的に4回に落ち着いたのである。金額についても、例えば、第1回会合では1万円、2万円、3万円、6万円、などの供述が出て、最終的には6万円で落ち着いた。その「変遷」(「供述が」次々と移り変わっていくこと)は、2003年4月30日から5月6日までの取調べで出てきたもので、その間、捜査本部の取調べ班の班長が「取調べ小票《こひょう》」と呼ばれる供述内容の要旨などを記載した取調官の報告書を検討し、各被疑者担当の取調官に対して、「次は金額についてもう少し詰めろ」などと指示をしていたという。

ただし警察は、こうした供述の変遷経過については自白調書のかたちで残しておらず、法廷で、各警察官が各供述の変遷について証言をしたに過ぎない。

もらったとされる金額の使途も不明である。例えばある被告人は、4回目の会合でもらった10万円を夫に預けたと言い、その後、夫がもらった10万円とあわせて20万円を義理の母に預けたと供述を変えたが、自宅を捜索しても、それらしい金額が発見されなかった。そこで、郵便局に20万円をあずけたとさらに供述を変えたが、その郵便局にも預けられていなかった。

会合の時期については、検察官は起訴後、2年半にもわたり、会合の日にちを特定しなかった。しかし、何名かの自白調書によれば、1回目会合は2月8日、4回目会合は3月

24日と特定されており、その日以外はすべて可能性がないことが判明していた。

裁判も終わりが近づいて、裁判官は、裁判初日から弁護団が求めていた会合の日にちの特定を、検察官に対し求めた。検察官は、しぶしぶ、1回目会合は2003年2月8日、4回目会合は2003年3月24日と特定した。

ところが、この両日にはN候補本人のアリバイがはっきりしていたのである。すなわち2月8日には、N候補は、6名の自白調書によれば、遅くても午後7時30分にはF宅での会合に出席し、少なくとも午後8時ごろまでは会合にいたこととされていた。しかしN候補は午後7時から志布志市内のホテル玉垣において、卒業した志布志中学の同窓会をやっており、そこに出席して挨拶をして、カラオケで北島三郎を2曲唄い、午後10時過ぎに運転代行により帰宅していた。

念のため、N候補が途中、同窓会を「抜け出して」車で懐集落まで行って帰ってくる可能性が調べられた。裁判所で行われた検証ではホテル玉垣から懐集落まで往復で約1時間15分かかり、そのようなことは不可能であることが判明した。

3月24日においても、6名の自白調書では、N候補は少なくとも午後8時ごろにはF宅に到着し、午後9時ごろまではいたとされていた。しかし、N候補はこの日は、同じくホテル玉垣で午後7時20分ごろから行われた上小西自治会の総会後の懇親会に出席し、挨拶をしたのち、お酌をして回っていた。その後は、選挙事務所に戻り、8時ごろから10時ごろまで鍋集落で挨拶回りをして、そのなかには自宅に招じ入れてくれた人もいた。

そのお宅では、たまたまその日が新車購入日であり、無事を祈って地元で「ひっこんゆえ」と呼ばれる飲み会が行われていた。したがって、日にちが特定された1回目会合と4回目会合について、N候補のアリバイが明確に成立した。

問題だったのは、少なくとも起訴後まもなくの2003年7月の時点で、警察はホテル玉垣の帳簿を調べて、中学の同窓会や、上小西自治会の総会や懇親会のことを把握していたことである。ずさんな捜査の結果、アリバイが成立する日にしか会合日時を特定できず、そのために検察は公判で、いよいよ追い詰められるまで会合の日にちを特定せず「2月上旬ごろ」、「3月下旬ごろ」とのあいまいな起訴内容にとどめておいたのである。

さて、1回目会合と4回目会合でN候補に明確なアリバイが成立するとなると、6名の自白の信用性が問題となる。自白では、F宅での会合は、N候補が出席して挨拶し、出席者全員N候補が出した現金をもらったことになっていて、そこにN候補がいなかったとなると、自白は砂上の楼閣とならざるを得ない。

6名の自白調書は、最終的には6名ほぼ一致した内容とはなっていたものの、会合の回数、金額などについてばらばらだった供述をそろえたもので、もともと信用性に乏しかった。N候補のアリバイによって、完全にその信用性は崩壊した。

では、2回目、3回目会合はどうなるのか、である。

2回目会合は、1回目会合を前提としている。6名の自白調書によれば、1回目の会合のときに、N候補に対して出席者が、「今度は奥さんの顔を見てみたい」「今度は奥さんを連れて来て欲しい」と口をそろえて、2回目の会合が行われ、N候補の妻が出席したことになっていた。

しかし、1回目の会合が幻だとすれば、その会合で「今度は奥さんの顔を見てみたい」と言って実現したという2回目の会合も幻だったとするほかない。1回目の会合から4回目の会合まで、ひとつながりのものとして語られていたから、3回目の会合も幻としなければならない。

6名の自白はどうやって作られたか

では6名の、一応内容がそろった詳細な自白はどうやって作られたのだろうか。

全員が、現金をもらったことはおろか、会合に出席したことすらなかったのである。

ある被告人は金額がわからなかったので、「いくらもらった」という問いに答えられないでいた。すると警察官が、1から20までの数字を紙に書き、もらった金額を、指させと言う。最初、1を指すと、ちがう、もっと多かった、と言う。次に20を指すと、違う、そんなに多くないと言う。それでは、と10を指すと、それでよい、となった。

また、例えばFは、現場で会合の状況の再現をさせられたが、供述調書で述べた場所に座ることができずに、「正しい」場所に座るまで何度もやり直しをさせられた。ひとことまが「正解」に達するまで許されない取調べが、ここでも行われていた。

バッグについては、警察がNの妻の4種類のバッグを差し押さえてそれらを示し、どれを持っていたか、と聞いて特定させてから、そのバッグの詳細な描写をさせていた。

自白調書では、オードブルの描写も非常に詳細であった。ある被告人の自白調書によれば、4回目会合では、大きな盛り皿2つにから揚げにエビや野菜のてんぷら、ウィンナー、卵焼き、さつま揚げなどが盛られていたし、銀色のアルミ箔の容器にキュウリやタマネギなどの酢の物が添えられ、透明なラップがかぶされていたとか、あるいは、青っぽい発泡スチロールの四角いトレーに大根の千切りとイカと魚の刺身が5切れずつ入っていたものが一人ずつ準備されていたとか、そのトレーに入っていた刺身醬油の袋やワサビの袋の形や色についてまで述べていた。そこで、捜査本部の「裏付け捜査班」がいくら懸命にそのオードブルの購入先を調査しても、その裏付けは得られなかった。

こうした描写などは、ふだんの買い物からの想像で述べることができるので、じつはむずかしくない。他方、当日の会合での記憶にもとづいたものだとすれば、判決も述べているように被告人らは「驚異の記憶力」の持ち主ということになろう。

このようにして、それだけ読むともっともらしい自白調書が、紆《う》余《よ》曲《きょく》折《せつ》を経て作られていく。

検察官調書の役割

検察官の取調べは、警察での取調べに比べれば、一般的に言って長時間ではない。警察で何度も間違えながら「正解」に達するまで許してもらえない取調べを受けた成果が、検事調べにおいて示されるからだ。

被疑者は、警察での取調べにおいて暗記してしまったストーリーを、検察官の前ではすらすらと述べることができる。そして検察官は、警察で作られた自白調書をあらかじめ読み、手元に置いているから、ところどころ間違ったところをチェックすればよいことになる。したがって検察官は必ずしも声を荒らげなくても、詳細な自白調書を作成することができる。そして公判になれば、荒々しく取調べていない分だけ、検察官調書が刑事訴訟法第三二二条の「任意性」、第三二一条一項二号の「特信性」ありとして証拠能力を認められやすくなる。

否認するほど、身柄拘束期間が長くなる

この事件では、すべての被告人がそれぞれ、1回目から4回目のうち出席したとされるすべての事件について、逮捕、勾留された（それぞれについて23日間）。それだけでなく、接見禁止処分と呼ばれるが、弁護人以外は、家族とも面会できなかった。

また、起訴後も、公判廷で起訴内容を認めた被告人以外は保釈が認められず、すべて勾留が続けられた（第1回公判で自白をした被告人も、その後、保釈されて否認に転じた）。

こうして、短い被告人でも87日、長い被告人では、395日も身柄拘束が続いた。6名の「自白組」は保釈が早く認められ、なかでも公判廷でいったん自白した者は早かったが、一方で、否認を貫いている被告人たちには、なかなか保釈が認められなかった。

こうした逮捕状、勾留状を検察官の言いなりに発付し続け、被告人を接見禁止処分とし、保釈も認めなかったのは、裁判官である。

この志布志事件だけでなく、日本の刑事裁判ではすべて同じと言ってもよい。否認すればするほど、身柄拘束期間が長くなる。

ある国選弁護人が、被告人を励ますために、家族からの「本当のことを言うように」との手紙をアクリル板越しに見せた。すると、検察官はこの接見の状況を警察官に調書化さ

せて、接見禁止処分違反だとして、裁判官に国選弁護人の解任を請求した。そして裁判官は実際に国選弁護人を解任してしまったのである。

それだけでない。警察官、検察官は、弁護人が接見して、被告人を励ますたびに、自白していた被告人が否認に転ずるとして、その接見の内容を合計76通の調書にまとめていた。

警察官は、「弁護士には金がいくらかかるかわからない。長期化すれば500万円、1000万円かかる」「あの弁護士は、N候補の回し者で、あなたはトカゲのしっぽ切りのように見捨てられる」などと「自白組」の2名の被告人に言って、本当のことを述べて頑張り続けるように励ます弁護人を解任させた。警察官らは「認めれば早く出られる」「交通違反と一緒だ」などと言い、否認していればいつまでも釈放されず、自白さえすれば、早く釈放されるということをえさに、「自白組」を縛り付けていたのである。

このように、代用監獄ではやりたい放題が行われていたわけだが、その舞台装置を整えていたのは、すべて検察官の言いなりに勾留状を発付し、勾留場所として代用監獄を指定し、接見禁止処分をし、保釈を許可せず、国選弁護人を解任していた裁判官だったのである。

最終的に、鹿児島地方裁判所は、2007年3月7日、被告人12名全員（1名は公判中に死亡）に無罪判決を言い渡し（確定）、「本件のように、法定刑が比較的低く、有罪になっても、罰金刑かせいぜい執行猶予付きの懲役刑になる可能性が高いと見込まれる場合、身柄拘束を受ける被疑者・被告人にとって、刑責を負うかどうかよりも、身柄拘束がいつまで続くかの方が、はるかに切実な問題となるのは至極当然である。（中略）このような状況においては、被疑者が早期に釈放されることを期待して、たとえ虚偽であっても、取調官に迎合し自白に転じる誘因が強く働くと考えられる」と正当にも指摘している。

しかし、そうした状況そのものを作り出しているのが、他ならぬ裁判所であることもまた、指摘せざるを得ない。

内部告発と取調べ小票

この事件の際立った特徴は、事件の第1回公判から2年以上が経過した後、警察官から内部文書が朝日新聞社に届けられ、2006年以降、それが報道されたことである。前代未聞と言ってよいかもしれない。

この内部文書によれば、例えば、警察官らの証言では、会合回数が1回から4回と変遷していたが、「取調べ小票」では4回、7回、11回、さらに多数回へと変遷していたそうだ。取調べ小票とは、供述の要旨などが記載されていて、決済官の認印を押す欄もある公式の文書で、供述調書のもととなる文書である。

供述の変遷が著しいところについては供述調書をあえて作らず、取調べ小票を隠すことで、供述の変遷をわからなくしていたのである。

鹿児島県警と鹿児島地検との公判対策の協議会では、検察官は小票について「死んでも法廷に出さないつもり」「事実関係上は調書が絶対だと（警部に）証言してもらう」などと述べ、警部は「小票が出たら、（事件が）飛ぶ」と述べ、県警幹部は、「絶対に提出しないという方向性の堅持を」などと検事に依頼したという。

結局、小票は法廷に出ていなかった。

取調べ小票は、それまでその存在自体が、法曹関係者を含むほとんどの人に知られていなかったが、供述調書にくらべると作文性は少なく、取調べにおける実際のやりとりに忠実である。しかし取調べの可視化（録音・録画化）が行われれば、被告人にとって取調べ小票などいらなくなることは、言うまでもない。

第2章　目撃者の証言

記憶は変わる

「1ヵ月前のあなたの朝食は何でしたか」と聞かれて、記憶している人はいるだろうか。それはとてもむずかしい。

しかし刑事裁判の世界では、しばしば人は、これに類することを思い出すことを求められる。刑事裁判は「過去の再現」であり、捜査、公判に従事する者は、しばしば「憶えているはずだ」との前提で、こまかく聞いてくる。目撃者は、協力したいとの思いから、できるだけ思い出そうと努力をするが、その結果、しばしば記憶にないことまで「思い出して」しまう。

目撃証人は、記憶にもとづいて過去の出来事を証言する。いつ、どこで、どのような犯罪が行われたのか、そのときの犯人と被告人が同一人物であるかどうかを証言する。このうち、とくに重要なのは、被告人と犯人との同一性についての証言の信用性の判断である。そのとき初対面であった犯人の記憶と、被告人とを比較対照して同一性を判定することはむずかしく、もちろん正しい場合もあるが、間違っていることも意外なほど多いからだ。

しかし、法廷で目撃者が被告人を指さし、確信をもって「この被告人が犯人です。絶対に間違いありません」と証言すれば、その印象は強烈で信用されやすい。

事件直後に、目撃者は犯人の特徴を言語的に表す。この「最初の描写」は、記憶があたらしいときの記述なので、重視されてよい。警察はかならず、「最初の描写」を詳しく聞き取り、正確に記録に残すべきである。

警察の捜査が進み、しばらくしてから被疑者が特定される（数ヵ月後とか、ときに1、2年後になっている）。警察官は目撃者に写真帳を示し、そのなかに犯人がいるか、いるとすればどの写真の人物かを聞く（「写真面割り」という）。

そのとき警察官から示唆があったかどうか、目撃者に躊躇《ちゅうちょ》がなかったのかどうかは、写真選別の過程が録音・録画されていないのでわからない。

しかし供述調書には「写真帳をめくって行くと、6枚目の写真に目が留まり、私はすぐにその写真を取り上げました。ぱっちりした目と高い鼻など、犯人とそっくりです。6枚目の写真の人物が犯人であることに絶対に間違いありません」などと記載される。

その後、選んだ写真の人物が、手錠と腰縄をされて取調室にひとりでいるのを透視鏡越しに見せられる（「単独面通し」という）。すると、やはり選別は正しかったと確信を深めることになる。富山の氷見《ひみ》事件（2002年に強姦、強姦未遂事件発生、服役後2007年、真犯人の出現などにより再審無罪）の元被告人のYも、最初はそのようにして2人の被害者に写真面割りで選別されてしまい、その後虚偽自白に落ちている。

しかし、人の記憶は意外なほど脆い。事件後、さまざまな暗示の影響を受けてもとの記憶が変わってしまうことがある。そして記憶が変わったことに本人自身気がついていない。これがいちばん怖いところだ。

捜査の過程で、そうした見えにくい影響が及ぼされていた事例として、私が若手だったころ、控訴審の国選弁護人として担当したあるケースを紹介する。弁護人には「見えにくい影響」の正体を明らかにすることが求められた。

〈ケース4〉地下鉄半蔵門線内のスリ、脅迫事件——記憶の不確実性

3つの「仮眠者狙い」事件

「仮眠者狙い」という犯罪がある。終電近く、酔っ払ったサラリーマンなどが座席にもたれかかって熟睡している姿を見かける。そうした人に忍び寄り、背広の内ポケットから財布を抜き取る犯罪だ。見張り役も必要なので、大体は窃盗常習者のグループによる犯行だ。

この事件では、被告人Sは、3つの「仮眠者狙い」事件で起訴されていた。

●事件1

1993年5月30日深夜、当時大学3年生のTは、テニスサークルの飲み会の帰りで地下鉄半蔵門線の電車内で酔って寝ていた。三越前駅付近で誰かに肩をぽんぽんと叩かれ、変だなと思ったがまどろみ続けた。電車が終点の水天宮前《すいてんぐうまえ》駅で停車してもしばらく目をつぶり座席に腰掛けていると、持参していたセカンドバッグを誰かが開けようとしていることに気がついた。

学生Tはおどろいて犯人の手をつかみ、そのまま同駅のホームを降りたところで、男と向き合った。Tが興奮気味に、おまえスリだろう、と問いただすと、男は、「俺はそんなことはやっていない！　証拠もないのに人を犯人呼ばわりして、お前こそ人権侵害で訴えてやる！」とはげしい剣幕で怒鳴り返してきた。

Tはあきらめて男の手を放したが、その後すぐに警察に被害を届け出て、そのときの犯人の特徴を、「色の薄いサングラス、身長163〜164センチ、髪を七三に分け、五十前後の小太りのボテッとした男で、上着にノーネクタイの姿」と述べた。学生Tがもっとも印象に残ったのは「色の薄いサングラス」だった。

このとき、犯人の男のほかに、「猿顔の男」が一緒だった。「猿顔の男」とは、髪が半白髪のパンチパーマで、瘦《や》せていて眼が落ちくぼみ、歯に被《かぶ》せ物がしてあり、まるで「猿」のような顔をしていることからTがつけたニックネームだ。

●事件2

同年6月26日、学生Tは、「色の薄いサングラスの男」に、水天宮前駅構内の便所内に連れ込まれた。「猿顔の男」も一緒だった。

「色の薄いサングラスの男」は学生の胸倉をつかみ、便所の壁に二、三回叩きつけ、「ジャマするな！　俺は地下鉄で20年やってるんだ！　お前みたいな若造になめられる筋合いはねえ！」と脅した。猿顔の男は、折り畳みナイフをかざしながら「お前のホームグラウンドはどこだ。余計なことはするなよ」と言った。恐怖を感じたTがやっとのことで「わかりました」と答えると、2人は立ち去った。

Tは、犯人らは（なぜかはわからないが）Tを仮眠者狙いのスリの同業者と勘違いして、地下鉄半蔵門線の縄張りから追い出すために脅したのだと思った。

Tはサークルの飲み会の帰りにはいつも終電車近くの地下鉄半蔵門線に乗っていたが、事件の日以外にも、しょっちゅう犯人グループと顔を合わせており、大体7回電車に乗れば、5回犯人らに会う感じだったと述べている。犯人らは、Tの前で仮眠者狙いをこれ見よがしに行ったりした。Tの印象では犯人グループは「色の薄いサングラスの男」と「猿顔の男」が大体いつも一緒であり、他にもう1〜2名がいたという。

●事件3

同年10月7日、地下鉄半蔵門線内でまた仮眠者狙いが起きた。被害者は寝込んでいたサラリーマンだった。スリに内ポケットから財布を抜き取られそうになったところを、警備乗車していた私服の警察官が発見し、現行犯人として2人を取り押さえたのだ。財布を抜き取ろうとしたYと、向かい側座席で新聞を広げていた共犯の男の2人だった。新聞を広げていた男が、他に「事件1」「事件2」でも被告人とされてしまったSだった。

浅草警察署に被害届を出していた学生Tは、同署から「犯人の男が捕まったので確認して欲しい」との電話をもらった。

Tは、「猿顔の男」がもっとも強烈に印象に残っていたため、「あの男が捕まったのかな」と思って出かけた。

警察署では、11枚の顔写真から構成された写真帳を示された。何枚目かの写真に目がとまった。「猿顔の男」はいなかったが、「色の薄いサングラス」の男が写っていた。Tは「この男です」と警察官に述べた。それはSの写真だった。

警察官はさっそくTに、留置場の被告人をマジックミラー越しに覗かせた。「間違いありません。あの男が犯人です」とTは告げた。

被告人Sは、色の薄いサングラスをし、身長161センチ、54歳、小太り、髪はぼさぼさ、上着姿にノーネクタイだった。学生が被害を届け出たときに述べた犯人「サングラスの男」の特徴と大体かさなっていた。

Sは、西日暮里《にしにっぽり》のサウナにいつも宿泊する「パチプロ」で、パチンコ屋でかせいだ帰りに地下鉄半蔵門線に乗っていた。Sはもっぱら、「事件1」と「事件2」の犯人だろうと追及を受けたが、全くの人違いであり絶対に自分は犯人ではない、と強く否認をした。

取調べ担当の検察官は、自白をしないSに業を煮やし「そうやっていつまでも否認をしていろ。裁判では絶対に負けるぞ。地裁で負けたら、控訴して高裁に行け。高裁でも絶対に負けるぞ。そうしたら最高裁に上告しろ。最高裁でも上告棄却だ。それまでに10年かかる。それでよかったら否認していろ」と述べた。そこは大部屋で、周囲の職員らはにやにやしながら聞いていたという。

被告人Sは、3事件とも起訴された。

学生Tが証人として出廷した。

検察官　この法廷に犯人はいますか。
学生　はい。
検察官　それでは犯人を指さしてください。
学生　（証言台の前に立ち、被告人席にすわった被告人を指さす）
検察官　この男が犯人に間違いありませんか。
学生　はい。このひとが犯人に絶対に間違いがありません。

被告人は、「事件1」「事件2」については強く否認した。そして、大手町駅の「サンケイ食堂」で、犯人グループが「学生風の男を脅してやった」と話しているのを聞いたことがある、と弁解した。

しかし、一審判決では、Tの目撃証言の信用性は高いとされる一方、被告人の弁解は「いかにも不自然であり、作話であることが強く疑われる」と一蹴された。1994年、3事件とも一審で有罪となり、被告人には懲役2年6月の実刑判決が言い渡された。

東京拘置所からの手紙

被告人は控訴した。控訴審で国選の弁護人となった私のもとに、被告人から何通も手紙が送られてきた。

「真犯人は、事件3で一緒だったYという男です。なぜならば大手町のサンケイ食堂で、Yが学生風の男を脅してやったと話をしているのを聞いたのです。私は猿顔の男とは面識があり、学生が、犯人の男はいつも猿顔の男と一緒だったと述べていることから真犯人がYだとわかったのです。Yはいつも猿顔の男と一緒でした。Yは私とは何となく雰囲気が似ているのです。どうか自分を信じてください」

私は、本当だろうか、と最初は思った。被告人はYとは面識がない、と一審で述べていたからだ。

そこで、接見して被告人にこの点を問いただしてみた。被告人は、護送車に乗せられるときに、Yが口に人差し指を当て「シーッ」という格好をして「お互いに知らないことにしようぜ」と指示をしたためYを知っていると言えなかったと述べた。ただちに納得したわけではなかったが、「事件1」「事件2」は無実だと涙をにじませ必死で訴える被告人の姿に、真実が持つ迫力を感じた。そこで、私はようやく重い腰をあげた。

甲府刑務所で真犯人？と面会

東京高裁が決めた控訴趣意書の差出最終日が迫ってきた5月の連休中、私は甲府刑務所に収監されていたYに面会に行った。被告人とどれぐらい似た男なのだろうと期待していた。

面会してみると、丸坊主となったYは、被告人と似ていなくもないが、けっして瓜二つという感じではない。Yに聞いたところ、48歳、身長164センチ、髪は分けている、上着姿でネクタイはしたりしなかったり、いつも色の薄いサングラスをしているが、捕まったときはたまたまサングラスを外していたと述べた。学生Tが述べていた「色の薄いサングラス」の男の特徴とほとんど重なる。

Yは、スリの同業者で「猿のような顔をした男」は知っていて、通称は「タナカ」だと言う。被告人Sは何回か地下鉄半蔵門線で顔を見たことはあるが、同業者とは思っていなかった、と述べた。

Yは電車の仮眠者狙いを長年やっていて、電車の路線ごとに縄張りがあるが、同業者に縄張りを荒らされると蹴散らしてきた、とも述べた。Yは事件当時、地下鉄半蔵門線を縄張りとしていた。Yは最初、よくしゃべった。

しかし、やがて私が「真犯人はYではないか」との仮説のもとにあれこれ聞いていることに気づき、協力的でなくなり、面会が終了し看守に連れられるときに、「ケッ、馬鹿野郎!」と吐き捨てた。

私は次に、東京地方検察庁に保存されたYの刑事確定記録を閲覧した。するとYは「仮眠者狙い」の同種前科が4件あり、16年前から前科が始まっていることがわかった。これは「俺は地下鉄で20年やってるんだ!」という犯人の男のセリフによく符合する。他方で、被告人Sには仮眠者狙いの前科は一切ない。

以上の調査から、私は控訴趣意書を、とにかく差出最終日までに書き上げた。

バイアスのかかった写真帳

ところで、一審記録のなかには、なぜか学生Tが見せられたという写真帳がなかった。Tは「写真面割り」により犯人として被告人を選別したのだから、第一に調べられなければならない証拠のはずだ。

日本の刑事裁判では、検察官が捜査記録を独占していて、そこからもっとも都合のよい証拠だけを選んで証拠調べ請求をする。都合のわるい証拠は隠しておくのだ。

そこで私は、控訴審の第1回公判前に、写真帳の証拠開示命令の申立をした。東京高等検察庁が開示した写真帳は、先に述べたとおり、11枚の写真から構成されていた。11枚中10枚は眼鏡をしていた。しかしサングラスをした写真は、被告人Sのものだけだった。11枚中にYの写真もあったが、刑務所でのYの言葉どおり眼鏡自体していなかった。

目撃証言の心理学

私はこの件で、日本の目撃証言の心理学研究で第一人者といわれる厳島行雄教授（日本大学）に多くを教わった。私は同教授の研究室を訪ねては質問した。目撃証言の心理学が明らかにしていることが、本件に多くのヒントを与えた。

例えば「凶器注目効果」という現象がある。これは、目撃者が犯人にナイフやピストルなどの凶器を突きつけられたりすると、凶器に注目してしまい、犯人の顔を覚えにくくなるというものだ。便所のなかで「猿顔の男」にナイフを示されて脅されたときTは、犯人の男の顔よりもナイフを見つめてしまったのではないか。

また「無意識的転移」という現象がある。アメリカの例で、銃を突きつけられ脅された駅の出札係が、事件後の面通しである水兵を犯人と認めた。しかしこの水兵にははっきりとしたアリバイがあり釈放された。その後、なぜ誤認をしたのか出札係にインタビューしたところ、その水兵に「見覚えがあったからだ」と答えた。その水兵の所属する基地が駅の近くにあり、水兵はその出札係から切符を買ったことがあったのだ。あるところでみた人物のイメージを全く違う出来事と融合させてしまうことを「無意識的転移」というそうだ。

たとえば、信じられないような例だが、オーストラリアである心理学者が強姦の容疑で逮捕された。彼はそのときテレビに出演していてアリバイが明らかで、すぐ釈放された。被害者は、襲われたときにテレビをつけていて、テレビに映っていた心理学者のイメージを犯行と融合させてしまったのだという。Tはいつか、半蔵門線で被告人Sを見かけたのではないか……。

本件では、写真11枚のうち、「色の薄いサングラス」の男の写真がSのもの1枚しかなかった。そのことに私は問題を感じたが、この点はどうなのだろうか。

ラインアップの構成

アメリカの心理学者E・F・ロフタスは、著書『目撃者の証言』(邦訳1987年、誠信書房)で回答を与えていた。

英米ではおもに、写真から選別させるのではなく、実際の人物を並べて、そのなかに犯人がいるか、いるとすれば誰かを目撃者にたずねる。これを「ラインアップ」という。

そのラインアップの構成について、ロフタスは、目撃者があらかじめ言葉で表現した犯人の特徴をすべて備えた人物だけでラインアップを構成しなければならないと述べる。そうした人物がひとりしかいなければ、ラインアップのなかに犯人がいるとの前提に立つと、100パーセントその人物が選択されてしまうからだ。たしか同書には、犯人が若い黒人男性の事件で、ラインアップに若い黒人男性が一人しかいない戯画が描かれていた。

本事件で被告人Sが選ばれたのは、「色の薄いサングラス」をした写真が1枚しかなかったからではなかったか。そしてYが選択肢から漏れたのは「捕まったときたまたまサングラスを外していた」からではなかったか……。

また、Sが拘置所でよく訴えていたのは、留置場で写真撮影されたとき、フラッシュがつかず、暗い感じの写真になってしまったということだ。確かに被告人の言うとおり、被告人とYの写真だけが、全体的に青みがかったような暗い写真で、写真全体に顔が占める面積比も、他の写真と比べてはっきり大きかった。この2枚は、それらの外形だけで他の写真から浮き立っていた。写真選別の場合、「浮き立った写真」はそれだけで選別されやすくなるという心理学実験もあることも、大分後になってからではあったが、わかった。

そっくりでない人を取り違えるか

被告人SとYは、いくつかの特徴こそ共通するものの、必ずしもそっくりとまでは言えなかった。そうした人物を取り違えるだろうか。これは自分自身の疑問だった。

元裁判官の渡部保夫氏の『無罪の発見』（1992年、勁草書房）のなかに、次のような、

「モアラー夫人ケース」と呼ばれる事例が紹介されていた。

1955年1月、米国カンザス州の一都市の商店街で偽造小切手が使用される事件が頻発した。商店主らの供述によると、犯人は、「背が低く、頑丈な体格」の30歳すぎの女性で6歳くらいの女児を連れていた。まもなく同商店街を歩いていたモアラー夫人が逮捕された。モアラー夫人は「背が低く、頑丈な体格」で、11歳の娘がいた。公判で夫人は無罪を主張したが、陪審員は4名の「犯人は、モアラー夫人にそっくりで間違いない」との証言を信用し有罪の評決をした。控訴も棄却された。夫人は服役し、1956年11月仮出獄した。

翌57年2月、「背が低く頑丈な体格」の女性が、洋品店で偽造小切手を行使する事件が、次々と発生した。警察は、これもモアラー夫人の仕業と考え、同女の写真を被害者らに見せたところ、犯人はモアラー夫人にそっくりだ、または間違いないと供述した。夫人はまた逮捕、起訴された。

ところが、モアラー夫人が犯人だとの見方に疑問を抱いた一警部がいた。警部は、モアラー夫人の勾留中にも、「背の低い頑丈な体格の女性」により偽造小切手が使用される事件が発生したことを知っていた。警部は保釈中のモアラー夫人に、毎日いろいろの時刻に警察署に出頭させ、その時刻を記録させた。夫人のアリバイを作っていたのだ。証拠物の小切手を集めて検討したところ、犯人は「forty」のスペルを誤記する癖のあることを発見した。

数ヵ月間、モアラー夫人は警察署に出頭し続けたが、事件は発生しなかった。ところが同年7月、洋品店の店主から警察に「いま、一人の婦人が小切手を置いていったが、なんとなく怪しい」との通報があった。その婦人はやはり「背が低く頑丈な体格」をし、小切手に「forty」のスペルの誤記もみられる、とのことだった。追跡によりジョーンズ夫人が逮捕された。

そこで、モアラー夫人を呼び2人を比較したところ、似ていた点は「背が低く頑丈な体格」という点だけだった。ジョーンズ夫人は体重が10キロほど多く、ずっと若々しく見え、顔も似ているとは言えなかった。

ジョーンズ夫人は、1955年1月以来、カンザス、ミズリー、オクラホマの3州で合計25通以上の偽造小切手を使用したと自白した。

3州の警察が調査したところ、ペンス夫人という女性も、ジョーンズ夫人に間違えられて処罰されたことが判明した。ペンス夫人も、背が低く頑丈な体格であった。さらにパーマ夫人という女性も、ジョーンズ夫人の偽造小切手行使の犯人として逮捕され、公判に付される寸前だった。

結局、12名の証人が、犯人とただ「背が低く頑丈な体格」という点で似ているにすぎず、他の点では全く似ていない3人の婦人を、犯人に間違いないと確認していたのである。

つまり、目立った点がいくつか似ているだけで、他の点はあまり似ていなくても誤認されうる。

塗り替えられる記憶

東京高等裁判所は、弁護側の事実取調べ請求を認めて、学生Tの再度の証人尋問と、Yの証人尋問を行った。Yは甲府刑務所から裁判所まで護送されて来た。

法廷では、Yが証人尋問を受けている姿、被告人が質問を受けている姿をそれぞれ傍聴席でTに見せ、再度、犯人に見間違いがないかをTに証人尋問をするという手順で行われた。

しかし、案の定というか、一度被告人を犯人と思い込んだTが、Yを見て、やはりこの人が犯人だと証言を改めることはなかった。Yに色の薄いサングラスをかけてもらい、「どうですか、似ているとは思いませんか」と裁判官が質問をしたが、「そんなには……。似ているとは……。いいえ、そんなにはというか似ているとは思いません」との答えだった。

結局Tは「被告人が犯人であると言い切れます」と述べた。Tは、証言をかさねるごとに確信度を高めた表現をするようだった。私はTにも面会してみた。彼はごく普通の感じのまじめそうな学生で、被告人が犯人だと心底信じている様子だった。

ここで考えられるのは、「事後情報効果による記憶の変容」ということだ。事後に与えられた情報が、オリジナルな記憶を塗り替えてしまう。犯人を見たときのオリジナルの記憶は時とともに薄れる。Tの写真からの選別は、事件からおよそ4ヵ月後だった。そして写真帳の被告人のイメージが、薄れた犯人のイメージに上塗りされた。

写真帳から選んだ人物が、取調室内で手錠や腰縄付きでいかにも犯人然としている様子を、マジックミラー越しに覗く。やはり選別が正しかったと自信を深めて確信に至るとともに、もはやその人物は犯人としか見えない。こうして記憶は完全に塗り替えられる。

先にふれたロフタスは、「事後情報効果」についても興味ある実験を行っている。被験者らに、交通事故の映像を見せる。そして被験者らをグループ分けして、50名には「車がぶつかったとき、ガラスの破片を見ましたか」と聞き、他の50名には「車が激突したとき、ガラスの破片を見ましたか」と聞く。

「ぶつかった」との言葉で質問された被験者で「はい」と回答した者は7名（14パーセン

ト)、「激突した」との言葉で質問された被験者で「はい」と回答した者は16名(32パーセント)だった。じっさいの映像では窓ガラスは割れておらず、壊れたガラスは映っていない。質問の中にさりげなく忍び込ませた言葉一つですら、人の記憶を塗り替える力を持つ。

ここで怖いのは、人は記憶が変容したことにみずから気がつかないことだ。したがって本人は正直な気持ちで現在の記憶どおりに、確信をもって証言する。それは無実の被告人を切りつける鋭い刃となるのだ。

Yは法廷で、「ふだんは色の薄いサングラスをはめているが、捕まった日はたまたまサングラスを外していた」と証言した。通称「タナカ」という「猿顔の男」のことは「知らない」と否定した。しかし刑務所での面会のときのメモ書きをもとに追及したところ「タナカいうのは知っています」といやいや認めた。電車内で縄張りを荒らす同業者を蹴散らすことも認めた。しかし自分が犯人であることは断じて否定した。

ここで裁判所に、証拠調べを打ち切る方向であることを示唆された。打ち切られれば控訴棄却は確実だろうと思った。私は次の手を考えこんだ。

「猿顔の男」の共犯者

Yの刑事確定記録には、半身不随になって都内の病院に入院中のHという仮眠者狙いのスリの調書が綴られていた。高齢のHは、かつて横浜の黄金町でYの仲人をした人で、Yのグループの先輩格だった。私は、もはや入院中のHから何か情報を得る以外に術がないように思った。そこでHへ何度か面会をした。その話は次のとおりだった。

Hは数年前まで、YとともにJR総武線を縄張りとして仮眠者狙いのスリをやっていた。Yは気性が激しく、何度か仮眠者狙いの縄張り争いで同業者を追い散らしていた。そのことで先輩格のHに苦情を言いに来る者もいた。Hは事件のころは病気のため現役を退いて、山谷《さんや》の窃盗グループの盗人宿でYらと一緒に暮らしていた。犯人グループは山谷から毎晩出かけ、田原町駅から地下鉄に乗車し、三越前駅で半蔵門線に乗り換え、三越前駅と水天宮前駅とを往復して仮眠者を狙っていた。タナカという猿のような顔をした男は、犯人グループのひとりである。財布を抜き取るのはいつもYがやっており、タナカは「威勢をつける」だけで、Yのおかげで食っているようなものだ。タナカは余りいい男ではないので、かばう必要がないとYに伝えてください。

犯人グループはいずれも横浜出身で、偽名を使って宿に泊まっていた。「鶴見」「黄金町」など横浜の地名にちなんだ偽名が多く、Yもタナカも横浜の出身だった。

私は彼から聞いた山谷の簡易宿泊所へ行った。事件のころYやHが数名とともに宿泊していたことは裏付けられたが、詳しいことはわからなかった。西日暮里のサウナに本名で宿泊し、横浜出身でもない被告人は、仮眠者狙いの犯人グループとは無関係であろう。到底、地下鉄半蔵門線を縄張りとして同業者を蹴散らすほどの存在ではないと思った。

裁判所はHを証人採用した。病院に出張して尋問が行われた。

HはYの写真を示され「これはYさんだね」と確認した後、被告人の写真を示され「これはYさんじゃないなあ。この人は知らないなあ」と言った。

Hは「タナカはかばう必要がないって俺はYさんに言ったんだ。Yさんっていう人はひとをかばうからね。でもかばっていいやつとわるいやつとがあるんだ」と述べた。裁判官が「Yはタナカをかばっていると思っているのか」と問い詰めたところ、「思っている、思っているけれども……」と答えた。Hは、半蔵門線の仮眠者狙い事件の犯人はYであり、その共犯は「猿顔の男」であるが、Yは共犯者をかばってタナカの名前を出さないのだと思っていた。

1995年3月30日、東京高等裁判所は、事件1、事件2について一審判決を破棄して被告人Sに無罪を言い渡し、事件3は有罪とした。

本件では、写真帳の作り方が、「見えづらい影響」を与えて間違った写真選別が行われた。その後、学生Tが確信に満ちた法廷証言に至ったのは、その後の単独面通しで選別が正しかったと自信を深め、被告人を見るたびに、「写真の人物と同一」との確信を深めていったからであろう。こうして一度は、誤った有罪判決が下されたのである。

このような誤判の防止のためには、捜査の過程を検討すること、その前提として捜査の過程が記録にきちんと残されていること、その記録が弁護側に開示されることが必要条件となる。

〈ケース5〉板橋強制わいせつ事件――目撃証言と虚偽自白の複合

（最高裁1989年10月26日判決）

小学4年生の女子がマンション敷地内で

間違った写真選別などにより逮捕された後、虚偽自白をさせられ、二重苦を負う事件もよくある。そうした場合、より誤判の危険は高まる。

その典型例として、次に、板橋強制わいせつ事件を紹介する。

1985年7月13日夕方、板橋区内のマンションのⅡ号棟に居住する小学4年生のA子（当時9歳）が敷地内に帰って来たところだった。若い白人の男がA子に「英語を教えに来たんだけど、ヨシカワさんの家を知らない？」と流暢な日本語で声をかけた。

この男はA子を、I号棟の2階に至る階段踊り場に連れ込み、着衣の上から手で陰部をさわった。そして腕をつかんでII号棟に連れて行き、3階から7階までの階段において、着衣の上から陰部をさわり、下着の内側に手を入れて陰部をもてあそび、陰部をなめた。午後6時ごろから6時半ごろまでの間だった。

犯人は、東京都23区内の地図と英単語のカード数枚を持っており、「ポパイ」（昔流行ったアメリカのマンガの主人公）という英文字の入ったTシャツを着ていた。

マンション管理人Bは、I号棟の階段踊り場で、2人に出会っている。犯人の男は「ヨシカワさんという人の家を知りませんか。英語を教えに来たんですけど」とBに話しかけた。Bは「そういう人はいない。ここは英語をやるところじゃない。無断でそのようなことをすると館内放送する」と突っぱねていた。

犯人は同じマンションの住人？

A子は、当初被害を誰にも告げず、翌々日の7月15日になって、学校で、同じマンションのI号棟に住む同級生のC子に話した。C子は「私も、日本語がペラペラの外人にマンション5階までついて来させられたことがある。外人はエレベーターの5階のボタンを押していた」と述べた。

A子は、C子が話している男は、犯人と同じ男でありマンションの住人であると思った。担任教師がこれを聞き及んで確かめたところ、子どもたちの間で、女の子に声をかけて追いかけたりする外人がいるとの話が出ていた。

担任教師は、7月16日、A子の母親に、A子が被害にあったこと、犯人は日本語がうまい白人で同じマンションの住人であることを告げた。母親は、A子から被害を確認し、犯人は同じマンションの住人であると聞いた。母親はマンション管理人Bに会って、マンションン内にそれらしい人物がいるか尋ねたところ、Bは、このマンションでそれらしいのはYしかいないと告げた。A子の父親も管理人Bに「I号棟に外人っぽい男はいるか」と聞き、Yの名前を告げられた。

Bは、A子の両親の指示で、最寄りの板橋警察署に通報した。Yは父がアメリカ人で母が日本人のハーフで、I号棟に住んでいた。日本で生まれ、英語は全く話せない。

板橋警察署はYを任意同行し、A子とその両親を呼び出し、取調室にいるYを透視鏡越しに見せた。巡査の「間違いありませんか」との問いに、A子はうなずいた。

管理人の言動

後日、警察の事情聴取で、管理人Bも、Yが犯人であると述べた。

しかし、当初のBの言動は、これを裏切るものだった。「ここは英語をやるところじゃない。無断でそのようなことをすると館内放送する」という言葉は、マンションの部外者に向けられたものだった。Bは後に公判で、館内放送は「管理人室の許可なく営業活動のためマンション内に立ち入った部外者の存在をマンション住人に知らせて注意を促すため」行うと証言している。マンション住人のYに対する言葉ではない。

管理人Bは、階段で犯人とA子が一緒にいるのを見たことや言葉を交わしたことを、通報後すぐには警察に話さず、その間Yの家に電話して、Yが英語を話すかどうかを確認していた。Bは階段で見た犯人とYが、同一人物かどうか自信がなく、むしろ違うという印象があったのだろう。

弁護人は、しばらく体の震えが止まらなかった

Yはバセドウ病に苦しんでいたが、逮捕されて投薬が中止された。薬が切れた不安や、異常な発汗、喉の渇きにもかかわらず、警察官は、水も主治医の処方薬も与えず「変態外人、早く吐け」と言って、腫れた甲状腺の部分を押したりした。そして「吐いたら罰金で

出してやる」と言った。

逮捕11日目に、Yは自白に落ちた。

自白したものの、一方で、Yは弁護人に「7月13日は自宅のテレビでプロレス中継を見ていた」と語った。

「自宅でテレビを見ていた」などというのは、アリバイになるのだろうか。

Yによると、試合はジャイアント馬場、ジャンボ鶴田組と、ハンセンと名前のわからないデブの組の対戦で、最後に鶴田がデブを押さえて勝ったという。Yが述べる試合経過も詳しく、弁護人がテレビ局に頼んで試合を見てみると、少し違うところもあったが、大筋は合っていた。

「Yの言っていることは本当だ！」それまでYを半信半疑の目で見ていた弁護人は、テレビ局のブース内で、しばらく体の震えが止まらなかったという。

「おかしいな。Yは捕まっているはずなのに」

起訴後の公判で、Yは否認した。

A子、管理人Bは「被告人が犯人に間違いない」と証言した。

それぞれの証言の信用性、Yの自白調書の任意性、信用性、アリバイの成否が争点となった。

A子は、7月15日のC子らとの会話により「犯人は同じマンションの住人である」と理解した。その後、担任教師や両親、管理人に至るまで「犯人は同じマンションの住人である」との前提で犯人を絞り込み、警察に通報している。

A子は、最初はC子の影響で、そして後には両親をはじめとした周囲の大人らの影響で「犯人は同じマンションの住人」と思い込んでいた。単独面通しでは透視鏡越しに見た人物が、犯人と同一かどうかより、過去二、三度見たことがあるという白人らしい顔のマンションの住人と同一かどうかが確認されたのではなかったか。

管理人Bの識別に疑問があることは前述のとおりである。

Yの自白調書には、Yは白シャツを着て、その日見舞いに行った入院患者の友人にあげた手製のおにぎり2個が入った手提げ袋を持っていたと記載されていた。見舞われた友人の供述がそれを裏付けた。しかしA子の供述では、犯人はポパイのTシャツを着ており、東京都23区内の地図や英単語カードなどを持っていたはずだった。Yはポパイのtシャツを現実に持っておらず、家宅捜索されて押収されたYの衣服のなかにそうしたものはなかった。

弁護人は、C子の母親に話を聞きに行った。

「事件後のことですが、同じマンションに住んでいる小学1年生の女の子がいます。次女の同級生なのでよく知っています。その子がエレベーターから出て来て私の顔を見るなり泣き出したことがあります。髪の毛の赤っぽい男が、英語を教えに来たとか、地図がどうしたとか言って、I号棟の階段のところに連れて行き、そこで下着の上から触られたって言うのです」

通報を受けてやって来た警察官は「おかしいな。Yは捕まっているはずなのに」と首を傾げたという。

真犯人は別にいたのだ（C子の母親は一審では証言台に立つことを固辞した。しかし弁護人が頼み込み、控訴審で証言した）。

一審の裁判官は最後に被告人に質問した。

「あなたはヨシカワさんという人を知っていますか？」

これに対して被告人は、いったい何を聞かれているのかわからない、という様子がありありで、「はあ？」と答えた。

一審は無罪としたが、検察官が控訴し、二審は有罪とした（懲役1年2月）。最高裁はこれを破棄して自判し（自判とは、上訴した裁判所が原審の判決を不当として取消または破棄して判決すること）、無罪が確定した。最高裁判決は捜査で行われた「単独面通し」を暗示的な捜査方法として批判している。

この件は、日本語が上手な若い白人の男性という特徴が犯人と被告人に共通しており、犯人が同じマンションの住人という誤った絞り込みが行われ、そのことが、目撃証言に暗示的な影響を与えたケースである。

そしてその後、代用監獄で非人道的な取調べが行われ、虚偽自白まで行われて誤起訴、誤判に至った。

犯人はマンションの部外者であることは、慎重に検討をすれば明らかだったと思われる。一度、捜査が誤った方向に動き出すと、雪だるま式に虚偽の証拠がふくらんでゆくことを示す事例でもある。

目撃証言の捜査はどう改革されるべきか

日本でも、誤った目撃証言による誤起訴、誤判事例は後を絶たない。アメリカでは、「イノセンス・プロジェクト」（1992年に始まった、DNA鑑定によって冤罪証明を行う非営利活動機関）により、死刑や終身刑判決を受けた後、DNA鑑定が行われ、犯人の遺留精液などと本人のDNA型が異なっていることが明らかとなり、釈放されたケースが、90年代半ばごろから今日まで、300例を超す。

そのなかで、誤った目撃証言が誤判原因の一つとして数えられるケースは、じつに80パーセント近くに達している。目撃証言の危険性があらためて浮かび上がってきている。アメリカでは、各州、連邦で、次のような法律実務的な改革が行われた。

(1)目撃者からの事情聴取、写真帳からの選別、ラインアップは、すべて録音・録画されなければならない。
(2)ラインアップを行う警察官は捜査に従事してはならず、誰が被疑者であるか知っていてはならない。もし知っていると、仮に意図的ではなくても無意識のうちに示唆を与えてしまう危険がある。
(3)目撃者が述べる特徴をそろえた者だけで写真帳やラインアップを構成すべきである。
(4)ラインアップで同時に数名を示すと、比較により相対的に似ている人を選んでしまう傾向がある。１名ずつ示されるべきである。
(5)目撃者の確信度を聴取して記録化しておくべきである。最初は自信がなくても、後になって確信していると述べることがよくある。

日本でもこうした改革、とりわけ事情聴取や写真面割り過程の録音・録画が必須であり、実現すれば、かなり誤判を防げると思う。

「法と心理学会」は必要な提言を行っているが、法律実務的な改革には、全く手が付けられていない。

第３章　偽証

嘘をつき続ける

法廷で証人は、「宣誓。良心にもとづき真実を述べ、何ごとも隠さず、何ごともつけ加えないことを誓います」などと宣誓を行う義務がある。そのうえであえて虚偽の証言をすれば、偽証罪となり、処罰されることがある（被告人には黙秘権があるため宣誓義務はなく、することもできない）。

しかし、捜査の過程ですでに捜査官に対して嘘をついて供述調書が作成されていれば、宣誓をしたからといって、法廷でにわかに、真実を述べるということは通常ない。そのまま嘘をつき続けるのである。

偽証には、いろいろな類型がある。身近な人に対する嘘が、警察に対する嘘となり、その後引っ込みがつかずに偽証をするケースは多い。

千葉中央の強姦事件（一、二審有罪、２０１１年最高裁で無罪）は、何とも後味の悪い事件だ。キャバクラ勤務の女性が、勤務先近くの繁華街路上で、通りすがりの男性に「３万円あげる」と言われ、約百メートル先の雑居ビル階段踊り場付近で、手で男性器をこすって射精させた。しかし「３万円あげる」というのは嘘で、お札入りと見せかけた封筒はからだった。

女性は、キャバクラに泣き腫らした目で出勤し、「やられた」とひとこと言った。それを聞いた周囲が何事かと心配していろいろ問い詰めたところ、どうも男性に強姦をされたという。店長はじめ、従業員らは雑居ビルに押しかけ、同ビル屋上付近で、2人の約1・5メートル先を通り過ぎたという警備員に対し、猛烈に抗議をした。たまらず警備員らが警察に通報し、女性は被害届を出すこととなった。そのとき女性の袖口にかかったという男性の精液が採取された。

その男性は、その後同じ手口でくり返し女性をだまし、警察に捕まった。DNAを採取したところ、キャバクラ勤務の女性の袖口の精液のDNA型と一致し、強姦被疑事件で逮捕された。この女性は「強姦された」と警察、検察で供述をし続けた。法廷でもその話をくり返した。周囲に対しても、警察、検察に対しても、引っ込みがつかなくなっていたのだろう。

しかし、約1・5メートル先を通ったという警備員が異変に気がつかなかったことも、彼女がそのとき助けを求めなかったこともおかしい。

女性は強姦後、パンストが破れたので近所のコンビニのごみ袋に捨て、同じコンビニであたらしいパンストを買ったと供述した。しかし被害届直後に警察がそのコンビニのごみ箱を探したが、破れたパンストは出てこず、パンストを買ったとの供述に合致するレジ記録もなかった。彼女の膣内も調べられたが、精液などは採取されなかった。

男性は起訴され、一、二審の裁判官たちは彼女の嘘を信じた。男性は、同じ手口をくり返していたという悪行が皮肉にも幸いし、「このときも同じことをやった」との弁解に説得力があり、最高裁で助けられた。一、二審の裁判官たちは、「女性には嘘をつく動機がない」「女性の供述は、詳細、具体的で迫真性がある」として、その話を信じ続けた。私には、その裁判官たちの事実認定の姿勢がおそろしい。

組織ぐるみの偽証

引っ込みがつかなくなって偽証するのとは違い、最初から法廷で偽証することを覚悟している場合がある。たとえば、警察官証人が偽証をする場合である。昔そのような事件があった。

例えば菅生《すごう》事件（1952年発生）は、大分県菅生村で、警察官スパイが共産党内に潜入し、某夜、2人の共産党員を交番近くにおびき出した。そこで警察署内にあらかじめビール瓶内に仕掛けられていた爆弾が爆発した。なぜか100名も待機していた警察官らが、いっせいに2人を取り押さえた。

1人が交番前の電球を取り外し、もう1人が爆弾入りのビール瓶を署内に投げ込んだ、と複数の警察官らが「目撃者」として法廷で証言をした。一審で有罪とされたが、新聞社の追及で警察官スパイが正体を隠し切れずに出廷することとなり、２人をおびき出したことを認めさせられた。電球を取り外したとされた被告人は背が低く交番の電球に全然背が届かず、また爆発したビール瓶はあらかじめ署内の椅子に仕掛けられていたことが科学鑑定で証明され、２人は二審で無罪となる。これは政治的な背景のある大がかりな謀略だ。

それから時代は移った。しかし、政治的な背景など全くなくても、警察官が無実の人を罪に陥れようとすることはある。

例えば、90年代に警視庁管内で、検挙ノルマを達成しようとして、ホームレスの人の背中に覚せい剤を入れ、覚せい剤取締法違反で検挙した警察官らがいた。内部告発により発覚したが、彼らは、検挙ノルマを達成しなければ、休暇をもらえないという状況にあった。２０１２年にも、神奈川県警管内で、警察官がノルマ達成のために友人らに頼んで自転車窃盗の犯人役と被害者役になってもらい、犯人役に無灯火で運転させ、職務質問をし、虚偽の自白調書を作成していたことがわかった。犯人役は微罪処分（例えば万引きなどの軽い罪について、検察官に送致せず、警察かぎりで処分を済ませること）となり、警察官から現金６０００円の報酬を渡された。

法廷で意図的に偽証をして、無実の被告人を罪に陥れようとした事件がある。それは権力犯罪そのものである。私は、警察官２名が偽証したばかりでなく、少なくとも警察署内の一係が、組織ぐるみでそれをバックアップし、証拠の捏造まで行っていたことを、一見何の変哲もない事件で経験した。そこには、形容しがたい警察組織の病理がある。

〈ケース6〉「浅草4号」事件――警察官による偽証

深夜のカーチェイス

1997年5月7日午後11時45分ごろ、浅草警察署のパトカー「浅草4号」が警邏《けいら》中、フロントガラス以外のすべてのガラスに黒色フィルムを貼り、中が見えない白色グロリアを発見した。パトカーは整備不良車両の疑いで停止を呼びかけたが、同車は停止せず、赤信号を無視して逃走した。

パトカーはサイレンを鳴らし同車を追いかけたところ、同車は一方通行を逆に走行するなどして逃げ続けた。「カーチェイス」は続いたが、同車は御徒町《おかちまち》駅付近で渋滞に行き当たり、停止せざるを得なくなった。パトカーから警察官が2名降車した。

警察官1名が運転席横のガラスを叩いたが、反応はなかった。するとグロリアは突然発進し前のタクシーに激突、そしてバックしてパトカーに激突した。グロリアはこれを2回くり返し、車間距離を無理やり大きくして、左路肩から逃走した。警察官2名は警棒を取り出しフロントガラスに叩きつけたが、クモの巣状のヒビが入っただけで割れなかった。

犯人が付近に乗り捨てた車両は、翌5月8日午前2時ごろ発見された。車内から、警察はKの国民健康保険証を発見した。車はK所有のものとわかった。

浅草署内では5月8日深夜、警察官2名による写真面割りが行われた。2人とも、警棒でフロントガラスを割ろうとしたときに犯人の顔を近くから見たと述べ、犯人の特徴は、「年齢22～23歳くらいの男性、面長であごが長くて尖っており、一見外国人風の彫りの深い顔立ち」と述べていた。Kは24歳、彫りの深い顔立ちをしており、あごが長く、尖っている。

8名の写真から構成された写真帳がつくられ、警察官2名とも、すぐにKの写真を選別したという。グロリアが後方から追突したタクシー運転手は、同じ写真帳から、犯人を選べなかった。

後にKは逮捕され、警察官2名は「単独面通し」をしてKを犯人と断定した。タクシー運転手も「単独面通し」後は、犯人に間違いないと述べるに至った。

これに対してKは、逮捕後もずっと否認しており「私は絶対にやっていません。真犯人は私がグロリアを貸していた暴力団幹部のAという男です。グロリアの指紋を採ってください。Aの指紋だけが出て来るはずです。私の指紋は出て来ないはずです」と主張した。

確かに、グロリアのハンドルからはAの指紋1個だけが採取され、Kの指紋は採取されなかった。しかしKは公務執行妨害罪、器物損壊罪、道路交通法違反で起訴された。

警察官2名の証言

一審公判で、警察官らは宣誓のうえ、証言した。

検察官 覗き込んだときの運転手の顔とあなたの顔、大体で結構ですから、どのくらいの距離でしたか。

警察官 1メートル位です。

検察官 ……歳はどれくらいに感じましたか。

警察官 二二、三歳ですね。

検察官 顔の形とかはどうでしょうか。

警察官 面長で。

検察官 他に顔の特徴で何か印象に残ったところは。

警察官 面長でちょっと顎が出ているような感じに私はとれました。

検察官　警棒でガラスを割ろうとしたときも、運転手の顔は確認しましたか。
警察官　しました。
検察官　どういう思いで。
警察官　顔を忘れないように焼き付けようというあれと、犯人を見て逃げるのを防止するよう呼びかけるつもりで顔を見ながら。

（中略）

検察官　写真は何枚くらい見せてもらいましたか。
警察官　8枚です。
検察官　……提示した警察官が……この中に犯人がいるとか、あるいはこいつが犯人じゃないかという誘導めいたことは言いましたか。
警察官　いえ、ありません。
検察官　それで8枚の写真の中に犯人の写真はありましたか。
警察官　ありました。
検察官　すぐわかりましたか。
警察官　わかりました。
検察官　どの番号の写真を選びましたか。

警察官　5番です。

Kは、この証言中、「もう一度よく顔を見てみたら！　オレは運転もしてないんだぞ！　オレは行ったことがないんだぞ、浅草に」などと叫び、退廷させられた。

事件は深夜で周囲は暗く、きちんと顔が見えたのか疑問がわく。浅草警察署は、同年6月警察官数名を現場に赴かせ、照度計で照度を測定、記録した。そして自動車のフロントガラスの内側から新聞記事を押しつけ、1メートル離れたところから見出しの文字を判読することができた、との実況見分調書を作成した。街灯で明るかったという。警察官はこの実況見分のときは雨が降り曇っていたが、事件当日は晴れて月も出ていたので、事件のときの方が明るかった、と証言した。

一審は、被告人に有罪判決（懲役2年6月）を下した。

判決によれば、警察官2名の目撃証言は、十分な明るさのもとで、合計1分近くにもわたり、犯人を注視しようと意識的に観察したものであり信用できる。Kのアリバイを証言した友人らの証言は日にちを混同した可能性がある。Kは、知り合いの暴力団幹部Aに車を貸していたと供述するが信用できない。確かにハンドルからKの指紋が検出されず、Aの指紋のみが検出された。しかしKが運転してもハンドルを握り直すなどして指紋が重なり、検出されなかった可能性がある、とした。

被告人は控訴した。

遺留指紋

控訴審の弁護団は、最初に、指紋に関する証拠の開示を求めた。

指紋は、人類が樹上生活をしていたころ、木から滑り落ちないため必要だった。隆線（指やてのひらに浮き出ている線状の隆起）には、こまかい汗腺がたくさんある。緊張すると、ここから発汗して滑り止めとなる。現代の生活においても、隆線から発汗をしないと重いコップは持てないし、本のページもめくりづらい。

指紋が万人不同、終生不変であることに最初に気づいたのは指印の習慣のあるインド、日本などの東洋人で、19世紀末に個人識別法として確立された。

指の端から端まできれいに1本のまま続いていく隆線は少ない。隆線は途切れたり、分岐したり、分岐したあとで再び1本につながったりする。こうした、隆線が途切れたり、分岐したりした細部を「特徴点」という。

指紋の同一性の判定は、特徴点を比べて行う。日本の警察は指紋について特徴点が12点一致して初めて、指紋の同一性を認めている。統計上、別人から分布と形状が一致する特徴点を一つ発見するため、指紋は10個ほど必要であり、特徴点が1点一致する確率は約10分の1という。12点一致する確率は、約1兆分の1となる。警視庁に保管された5万の指紋データベースのうち、特徴点が5点以上一致する組み合わせはないらしい。

さて、12点識別法で「対照不能」とされた指紋のなかにも、いくつかの特徴点がAと一致するものがあるはずだ。そこで、指紋採取をしたゼラチン紙を提出するよう求めたところ、検察庁は未開示の報告書を提出した。それによるとハンドルの指紋には、12点識別法でAのものと認められたほかに、Aのものと特徴点が6つ一致する指紋がひとつ検出されていた。これもAの指紋である蓋然性は、きわめて高い。

車内遺留品のおにぎり

一審では車内の遺留品の検討が全くされておらず、盲点となっていた。接見でKが「車内はAの荷物ばっかりで本当に汚かったです」と述べたので、次に車内遺留品の証拠開示を求めた。車内遺留品は段ボール数箱に詰められて、白色グロリアとともに浅草警察署に保管されていた。

午後7時、岡村実弁護人と私は、取り急ぎ浅草警察署の駐車場に赴いた。そこで岡村弁護人が白色グロリアの運転席に乗り込んだのだが、その姿を見ていて私は「アッ」と声を上げそうになった。

運転席に乗り込んだはずの岡村弁護人の姿が、全く見えないのである。

フロントガラスに近寄り、目を凝らすと確かにひとかげらしきものはわかるが、容貌は全く識別できない。もちろん署内駐車場と犯行現場では明るさの条件が違うだろうが、実感として現場の方が明るいとは思えなかった。黒色フィルムが思った以上に光を遮断《しゃだん》していたのだ。

ついで、遺留品の段ボールをひとつひとつ開けていった。一見「ゴミの山」で、重要な情報は何もないように見えた。しかしなかには、Aの国民健康保険証、Aの預金通帳、A宛の請求書、A宛の手紙、Aの薬（覚せい剤中毒の緩和剤）などもあった。Aは覚せい剤取締法違反など3件の容疑で指名手配され、車を借りて逃亡生活をしていたのだ。とくに領収書類は何か情報が出てくるかと期待して、1枚1枚しわを伸ばして、写真撮影をした。

コンビニの袋のなかに、おにぎりの包みがくしゃくしゃになって捨てられていた。ラベルでは製造工場は水戸、製造年月日は5月6日となっていた。私は、日付が事件と近接することに着眼した。ラベルに記載された情報を、あちこちに照会を重ねて読み取っていった。そして、このおにぎりは、株式会社フジフーズの水戸工場が5月6日に製造し、同日の午後3時から午後6時までの間に茨城県内、埼玉県三郷市市内に所在するセブン‐イレブンの数十店舗のうちのいずれかに配送されたことがわかった。おにぎりの廃棄時間は、5月7日の午前9時であった。

被告人は、5月6日は東京都五反田にあるホテル「五反田ゆうぽうと」に内妻のEとともに宿泊していた。同ホテルによれば、チェックインが5月6日午後3時6分、チェックアウトは5月7日午後2時36分であった。おにぎりの陳列時間にはKは「五反田ゆうぽうと」にいた。被告人以外の何者かが白色グロリアを運転しており、おにぎりを購入したことになる。

さらに、車内遺留品が東京高等検察庁に送致された後、5月6日付の高速道路の領収書が見つかった。

この領収書を首都高速道路公団などに弁護士会照会をして検討すると、このとき料金は現金で支払われ、芝浦の料金所を5月6日午前2時50分に上り方面に向かったことがわかった。一審で検察官が、当時Kが主張していたアリバイをつぶすために提出していたKの友人T子の日記には、「5月5日　PM8時ごろ起きた。夜中にI先輩らが帰ってきて、I先輩、K先輩（被告人）、E先輩（被告人の内妻）、M先輩、…と朝までSPEAKしてた。オールでした」と書かれていた。よって、K以外の何者かが、5月6日の午前2時50分、白色グロリアを運転し、芝浦の料金所から高速に入ったことがわかる。

ダメ押しの証拠として、車内後部座席の下から、くしゃくしゃに丸めて捨てられた高速道路の5月7日付の領収書を、弁護人のひとりが発見した。この領収書はセゾンカードにより支払われていた。弁護士会照会により、セゾンカードの会員は、Aの娘であることがわかった。ガソリンの給油代金の領収書類を調べると、すべて同じAの娘のカードで支払われていた。そのカードを使って3月9日から5月7日まで数十回の給油がされ、100回を超える高速道路料金の支払いがされていた。

5月6日から5月7日にかけて、被告人以外の何者かが、本件白色グロリアを運転していたが、それはAである蓋然性が高くなった。

現場照度と車内の明るさ

私たちは、夜遅く11時すぎに、現場で、本件と同型車両を用意して、フロントガラス以外のすべてのガラスに黒色フィルムを貼り、運転手の顔が識別可能かどうかの実験をくり返し行った。

このときは、黒色フィルムの可視光線透過率が25パーセントのものを使用した。本件車両の黒色フィルムの可視光線透過率が15パーセントと25パーセントの中間だったので、より明るい条件を設定したのである。そして警察が使用したのと同じミノルタ製の照度計に

	警察の測定値	弁護団の測定値
車両ハンドル付近	437ルクス	4.2ルクス
車両前部ボンネット付近	615ルクス	14.0ルクス

図表1　警察と弁護団の測定結果

より照度を測定した。

やはり、フロントガラスから見ても、運転者の顔は全く識別できなかった。そして測定された照度も、警察の実況見分調書に記載された数値と違った。警察の測定結果と弁護団の測定結果を対比したのが上の表である。

労働安全衛生規則によれば、「精密作業に適する明るさ」は300ルクス以上とされている。警察のハンドル付近437ルクスという測定値は、照明十分のオフィス内のような明るさだ。深夜の現場では、もともとありえない数値だったのだ。

警察が現場で撮影した写真によれば、たしかにフロントガラスに内側から押し付けられた新聞の見出しが数メートル先から読めた。しかしこの写真は、後ろから照明器具で照らし、カメラの露光時間を長くする方法で撮影されたものだったと思われる。

東京高等裁判所は1999年8月17日、原判決を破棄し、被告人を無罪とする判決を言い渡した。

全然似ていない２人

暴力団員のAは38歳、丸顔で鼻が低く、スポーツ刈り、太っていて、被告人のKとはどこにも類似点が見出せない。このAをKと「見間違えた」ということはとてもありそうもない。そもそも、運転者の顔は、現場の照度からしても見えなかったはずである。警察官ら2名が偽証していたことは確かだ。

警察官らは、なぜ、データを捏造し偽証したのだろうか。

警察官らは、取調べ中、Kを警視庁本庁の方位に向かって土下座させたことがある。警察官らはKを、パトカーを壊した憎むべき犯人だと思いこみ「どうせ犯人なのだから何をやっても構わない」などと考えたのだろうか。

写真面割りは完全なお芝居だった。あらかじめKの写真を見て、写真に沿うかたちでKの特徴を言葉にあらわしたうえで、最初から選別することに決めていたKの写真を選別した。そして現場の照度のデータを捏造し、照明器具を使って明るい写真を撮影した。少なくとも捜査一課の一つの係は、組織ぐるみで関与していたのである。

その後、警察官ら2名が、偽証罪で検察官により追及されるようなことは、もちろんなかった。

日本の検察は、過去、冤罪事件で被告人のアリバイを証言した証人らを偽証罪で起訴したことがあった（八海《やかい》事件や甲山《かぶとやま》事件など）。しかし偽証により人を冤罪に陥れた者を日本の検察官が起訴した例を、私は聞いたことがない。偽証罪で起訴されるのは、検察側の証人ではなく、常に弁護側の証人なのである。

〈ケース７〉引野口《ひきのぐち》事件——同房者による偽証

代用監獄での落とし穴

連日の長時間の取調べにもかかわらず、虚偽自白に落ちないことは、むずかしいことだ。

捜査官はいくら本当の弁解を述べても全く耳を傾けてくれず、「まるで岩にむかってしゃべっているようだ」という感想を漏らす被告人は多い。

仮にそれに耐えたとしても、まだ落とし穴が用意されていることがある。代用監獄で長時間の取調べが終わり、くたくたになって房に戻されると、同房者が話しかけてくる。取調べ中のつらい気持ちを、せめて同じ立場の人にわかってもらいたい。

しかし話に相槌《あいづち》を打ってくれるその同房者は、じつは警察が選別してわざと同室にさせた者で、それと覚られぬまま、被疑者の言動を警察に逐一報告し、あるいは全くなかった言動をでたらめに報告している。そして法廷で、「被告人は、このように私に対して犯行を告白しました」と証言する。その証言は嘘だらけだ。

その報酬として、同房者は処遇上の配慮を得て、軽い刑事処分を受ける。こうした「捜査手法」が、ゆるされてよいはずはない。

この点が問われたのが引野口事件である。

妹を別件逮捕

2004年3月24日夕刻、北九州市引野のN（58歳）方から出火し、母屋、別棟ともほぼ全焼した。瓦礫の下から、ほぼ全身が炭化したNの遺体が発見された。司法解剖の結果、心臓に胸椎骨に達するほどの刺創があり、死因は焼死ではなく、心臓をナイフ様のもので刺されたことによる出血性ショック死と判定された。そこで殺人、放火事件として福岡県警察本部と小倉警察署は「特捜班」を置いた。

Nは一人暮らし、重度のアルコール依存症で、ふだんは妹のK（56歳）が、食事や洗濯などNの身のまわりを世話し、預貯金も管理していた。

Kは、生前Nから託されたとおり、葬儀費用や子どもの教育費にあてるため、N名義の銀行口座から500万円を下ろした。同年5月23日、そのことが窃盗だとされ、Kは逮捕された。

ところが警察は、窃盗ではなく、もっぱら殺人、放火でKを取調べた。家族全員が連日長時間の取調べを受けた。

6月3日には、Kの夫が自殺に追い込まれている。警察は自殺を知らされたばかりのKをポリグラフ検査にかけた。

7月1日、Kは威力業務妨害罪でふたたび逮捕された。2年前、老旧化する母屋にいる母親を別棟に移すため、Kは、Nの妻がN宅別棟で経営していた塾を、半分に仕切った。当時、警察は事件にしなかったが、あえてこれを蒸し返したのである。福岡地方検察庁小倉支部は、この2件を起訴した。これら「別件」での逮捕、勾留は、もっぱら「本件」である殺人、放火での取調べに利用された。

Kの殺人、放火での起訴は11月16日であり、警察、検察はじつに半年近く取調べを行った。しかし彼女は否認ないし黙秘を貫いた。4名の弁護団が欠かさず接見したことや、息子達を中心とした支援活動が励ましとなっていた。

しかし、同房者が警察のスパイとして蠢動《しゅんどう》していることには、Kも弁護団も、長い間気づかなかった。

同房スパイ

同年6月18日から24日まで水上《すいじょう》警察署で、また同年7月15日から9月27日まで八幡西警察署で、Kの同房者はM（21歳）だった。他に同房の者はいなかった。水上警察署でKと同室となった女性はMを含め3名おり、いずれも警察に、Kが犯行を告白しなかったか尋ねられたが、他の2名はいずれも否定し、Mだけがそれをほのめかしていた。

Mは、多くの非行歴を持ち、二度少年院に送致されていた。成人後、窃盗で逮捕されたが、窃盗の余罪が8件あった。さらに覚せい剤取締法違反でも逮捕され、彼女は実刑になることを恐れていた。

簿冊類によれば、Mが八幡西警察署に入ったことにより、同署の女子留置は定員を超え、Mは必然的にKと2人だけの同室となった。しかし近くの他の警察署の女子留置はいずれも定員に1〜3名の空きがあった。

Mが八幡西警察署で、自身の窃盗、覚せい剤取締法違反について取調べを受けた日数はわずか4日間、一方で、Kの房内での言動について事情聴取を受けた日数は、57日間にわたっていた。特捜班は、Mからの事情聴取のために専従の捜査班を置いていた。

Mの窃盗の余罪は、夫らと組んで行われていたが、Mは夫らをかばい、ひとりでやったと供述していた。従ってMは夫らと面会できないように接見禁止処分とされた。

しかし、7月20日になぜか接見禁止処分が解け、夫と面会できた。その翌日、7月21日に、Mは、Kが犯行を告白したと警察官に報告した。

その後、Mの窃盗の8件の余罪のうち、起訴されたのはなぜか1件だけであり、その結果としてMは執行猶予付きの判決を得た。

Mを逮捕した警察官らは、勾留中のMによく会いに来て、「がんばれよ」と励ましていた。執行猶予付きの判決後、Mは警察署に挨拶に行っている。バレンタインデーのころにも署に行き、警察官らにチョコレートを配った。

せっかく執行猶予をもらったのに、その後、Mは再び覚せい剤取締法違反で捕まった。そのとき「警察に協力したから今回も執行猶予が付く。大丈夫」と関係者に話している。Mは、警察があえてKと同室になるように仕組み、その言動を逐一報告するよう指示していた同房者スパイだったのである。

「またMがんばりましたよ」

警察の報告書を日付順にすれば、Mが聞いたとするKの「犯行告白」は以下のようだった。

6月26日「ナイフ一本でああなるとは思わなかった」「ライター一本であそこまでなるとは思わなかった」

7月22日「昨日の夜、Kさんから重要なことを聞き出しましたよ。早く聞いてくれないから忘れるかと思いましたよ。なんで殺人がつくんですかみたいなことを聞いたら、『誰にも言っちゃだめよ』と言って、『殺しました、お兄さんの通帳から通帳にお金を移したことで口げんかになり、カッとなって胸を刺した』と言いました」

7月27日「トランプをしていて、Mが『1回刺したんですか』とかそういう話をしたら、Kさんが『2回刺した』と言い、Mが『2回ってどこを刺したんですか』とかそういうことを聞いたときは、Kさんは『ちょっと覚えていない』と言っていました」

7月28日「どこを刺したか聞いてきましたよ。トランプか何かしていたときに、『2回刺したってどこを刺したんですか』って聞いたら、『首だったと思う』と言いました」

8月9日「またMがんばりましたよ。一昨日の夜と昨日の夜、Kさんから聞いた話を忘れるといけないから、メモに書いてきてます」と言い、Mは警察官にメモ紙を渡した。それには「M『もし、殺人で逮捕されたらどうするんですか?』K『完全黙秘して否認するよ』」などと書かれていた。

9月15日　Mは警察官に、「殺した事実は間違いありません　K」「殺害したことを認めます　K」と署名させたメモ紙を渡した。

Mは、Kに「心理テストをします」と言い、「殺した事実は間違いありません」「殺害したことを認めます」と書いて署名するよう求めた。それらの文字が書かれた場所によって、本当かどうかを占うのだという。

Kが「そんな気持ちのわるい文章を書くのはいやだ」と言うと、Mは「じゃあ、人を殺したことがあるんですか。殺したことがなければ書いてもかまわないじゃないですか」と述べてメモを書かせた。Mは「正直だけど気が強いですね」と占いの結果を述べた後、メモをくしゃくしゃに丸めた。Kには「破ってトイレに捨てた」と嘘を言い、警察にメモを手渡していた。

Kは、弁護人にこの丸めたメモのことを告げた。弁護人が検察官に証拠開示を求めたところ、そのしわくちゃのメモが出てきた。このメモの件から、KはMを警察のスパイと疑うようになった。

Mは事情聴取にあたった大学の心理学科を卒業した警察官から「心理テスト」の手ほどきを受けていたことが、後にわかった。

Mの述べるKの「犯行告白」の内容は、時間の経過とともに変わっていった。

殺害の日時は、3月23日夜、3月23日の昼、と変わった。凶器は「果物ナイフ」から「台所にあった出刃包丁」「包丁」、そして「フランスかイタリアで買ってきたアーミーナイフやサバイバルナイフ」と変わった。殺害方法は、「ナイフで刺した」「ナイフを引いた」「もう一度刺したら血が止まった」と変わった。また被害者の姿勢は「立っていた」「寝ていた」「座っていた」と変わった。放火方法は「暖房用に買い置きしておいた灯油を使った」「台所の食用油を使った」「食用油は使っていない」と変わった。凶器の始末方法は「紙に包んで持って帰った」「洗って元に戻した」「自宅に持ち帰り漂白剤で洗った後、レンジの火であぶって乾かした」と詳しくなった。

鑑定医による死因の変更

「首を刺した」との「犯行告白」があったとの報告を受けて、2004年8月2日、福岡地検小倉支部の担当検事、福岡県警の捜査一課長、本件の特捜班長らがそろって、司法解剖に当たった鑑定医の田中宣幸産業医科大学教授に面会し、死因の再検討を求めた。

田中教授は、ホルマリン漬けにしていた右総頸動脈を切り開き、そこに長辺が約5ミリというくさび形をした「離開」(血管の破れ)を発見した。同教授は「離開」が直線状であることから、刺創であると判定。さらに顕微鏡検査した結果、「離開」に生体反応があるとして、死因を「心臓をナイフ様のもので刺されたことによる出血性ショック死」から「右総頸動脈刺創にもとづく出血性ショック死」と変更した。

生体反応があるとしたのは、次の理由による。生きているときに血管が破れれば、血漿中の成分であるフィブリノーゲンがフィブリンとなる。フィブリンは網目状の繊維であり、その網の目に血球などがからまって血餅となるのが、血液凝固である。また、白血球のひとつである「好中球」が血管の破れたところに集まってくる。右総頸動脈の「離開」近くの血管の外膜の血腫（血のかたまり）に、「フィブリン」と「好中球」が多く見られ、これは刺されたときに生きていたことを示し、首を刺されたことが死因だという。

検察官は、Mが述べるKの「首を刺した」との犯行告白にもとづいて、首の刺創が発見され、そこに生体反応が見られたために本当の死因がわかった、だから犯行告白は「犯人しか知り得ないこと」を述べた「秘密の暴露」に当たり、信用性が高い、と主張した。

これに対して、弁護人は、Mの供述する犯行告白は、スパイ行為によるもので、違法に収集された証拠として排除されるべきであると主張した。そして、Kは犯行告白をしておらず、Mの供述は嘘である。さらに、犯行告白の内容は客観的事実に反しており、秘密の暴露もなく、次々と変わっているから信用性がない、従って無罪である、と主張した。

「秘密の暴露」とは、「あらかじめ捜査官の知り得なかった事項で、捜査の結果客観的事実として確認された」ことをいう（最高裁の鹿児島夫婦殺人事件判決）。たとえば、誘拐事件の被疑者が、子どもを誘拐した後に殺したと自白し、自白にもとづいて山中を捜索したところ、はじめて遺体が発見されたといった場合である。

「秘密の暴露」はあったのか

犯行告白には「秘密の暴露」があったのか。これが公判における大きな争点となった。「首を刺された」ことは、「あらかじめ捜査官の知り得なかった事項」だったのだろうか。

Nの遺体の首の右側に、血腫があったことは、捜査官には当初から明らかだった。司法解剖には、検察官1名と警察官数名が立ち会っていた。田中教授は、右総頸動脈の血管の破れと血腫を警察官らに報告したと法廷で証言した。警察官が、この血管の破れと血のかたまりについて、「首を刺された」ためと推理することは可能である。

では「首を刺された」ことは、「客観的事実として確認された」と言えるのだろうか。

田中教授自身は、当初は首の右側の血のかたまりの原因を次のように考えた。死体が高熱にさらされると血管内の血液が沸騰し、血管の弱い部分を突き破って噴出する。焼死体によく見られる現象だ。同教授は法廷で次のように証言した。

「熱によって、死後に（血管が）破綻して血腫ができることが多いわけですが、ここに刺創が存在する可能性は極めて少ないとその時点では判断したわけです」

弁護側の鑑定人は血液と血管を専門とする増田弘毅秋田大学医学部教授（病理学）だった。同教授は「右総頸動脈の損傷は血管の内側からの破損であり、火災熱による水蒸気爆発とみるのが妥当である」と証言した。

増田教授が写真をよく検討すると、右総頸動脈は、たんに血管が破れているだけでなく、血管の一部が長い楕円状に取れてなくなっていた。「離開」は長い楕円状のごく一部がくさび状をしているのに過ぎなかった。こうして血管の一部が取れてなくなったのは刺創のためではなく、水蒸気爆発によって飛ばされたためとみられる。また「離開」の位置は、右総頸動脈と右鎖骨下動脈との分枝の状態から確認すると、体表側から見て、右総頸動脈の裏側、すなわち体表からより奥まった側にあった。したがって体表側からの刺創により生じたとは考えにくかった。

では、右総頸動脈の「離開」に生体反応は見られるのか。増田教授は、提出されたネガフィルムから顕微鏡写真を大きく現像して検討を加えた。

フィブリンは、繊維状、網目状をしている。増田教授は、血腫の顕微鏡写真には繊維状の網目構造は全く見られず、フィブリンの析出は認められない、と証言した。右総頸動脈近くに血液が固まっているのは、タマゴをゆでると固まるのと同じようにタンパク質の熱による変性であり、フィブリンがつくられて血球などをからめ取っているのではない、と証言した。

これに対して田中教授は、血腫の顕微鏡写真からは「繊維状、網目状になっている部分は確認しにくい」ことを認めつつ、それはフィブリンが塊になっているからだと説明した。

しかし、増田教授が参考として提示したフィブリンの析出した顕微鏡写真は、繊維状、網目状構造がくっきりと出ており、それに比べると、血腫の顕微鏡写真には繊維状、網目状のものが全く映っていないことがよくわかった。

好中球の出現について、増田鑑定は、顕微鏡写真から好中球は見られるが、その出現数は、血液の通常の状態であり、創傷治癒機転が生じているとは言えないと証言した。また右総頸動脈の外膜の血腫に好中球が見られても、創傷治癒機転とは無関係である、なぜなら好中球はまさに傷が発生した局所に出現するものであり、そこから離れた血管の外膜に付いた血腫を検査しても全く意味がないからだと証言した。

増田鑑定の結論として「離開」には生体反応はない。したがって「首を刺した」との供述は、客観的な事実ではないことが証明された。

鑑定医による死因変更は「犯行告白」に引きずられたものであると見ることができる。

黙して過ぎ去った男

出火の数分前、N宅から出て来たマスクをした中年男が近所の子どもに目撃されていた。子どもは空手を習っており、「会った人にはきちんと挨拶をしなさい」としつけられていた。子どもの挨拶に、男は返事をせず黙したまま自転車に乗って去った。その子が母親に話し、警察にも報告された。N宅の母屋には、カギがかかっていないドアがあった。しかし、捜査機関は、その後、子どもの供述を重視しなくなり、やがて無視したのである。

犯行告白の証拠能力を否定した判決

2008年3月5日、福岡地方裁判所小倉支部は、Kに対して、殺人、放火について無罪の判決を言い渡した(確定)。

判決は、同房者Mを使った捜査を以下の理由から違法として、Mが供述する「犯行告白」を証拠排除した。

第一に、同房者を通じて捜査情報を得る目的で、意図的に2人を同房状態にするために代用監獄を利用したものであり、代用監獄による身柄拘束を捜査に利用したとの誹《そし》りを免れない。

第二に、被告人は房内での留置時においても自らはそれと知らされないまま、同房者を介して取調べを受けさせられていたのと同様の状況に置かれていたということができ、本来取調べとは区別されるべき房内での身柄留置が犯罪捜査のために濫用されていた。

第三に、被告人の側からすれば、房内で話した内容が、将来証拠として使われることなど全く考えておらず、自分に有利か不利かを考えて話すような状況にはなく、黙秘権や供述拒否権が告知されることもなかった。

第四に、このような捜査手法によって得られた供述には虚偽が入り込む危険が高い。Mの全体的な供述は、捜査機関が客観的な証拠を有している部分についてのみ不自然に詳細であり、被告人がそのとおりの供述をしたことには疑いが残る。

判決は、犯行告白を証拠排除したうえで「念のため」として犯行告白の信用性を検討し、「秘密の暴露」はなく、変遷もしており信用できないとした。

私は、Mは、被告人Kになりかわって、虚偽自白を続けていたように思う。

第1章で述べたように、虚偽の自白調書は、最初はきわめて概括的なものが作成される。被疑者が犯行を「知らない」からだ。そして「正解」に達するまで許されない取調べを受けて、変遷を重ねながらだんだん捜査官が知っている「正解」に合致する方向に詳細化していく。Mの供述の経過は、こうした虚偽の自白の展開過程に非常によく似ていたからだ。つまり、事件を知らない者が想像で供述をし、捜査官の知っている情報に合致するまで変遷を重ねていく過程である。

なお、アメリカでは、同房者による「犯行告白」の密告はもっとすさまじい。先にふれたイノセンス・プロジェクトの２００３年の報告書によれば、その時点でＤＮＡテストにより無実が明らかにされ釈放された１３０名のうち、同房の密告者（snitch）による誤判は16パーセントにものぼるということだ。

第４章　物証と科学鑑定

供述証拠

これまでの各章では、虚偽自白、目撃証言、偽証を通して、〈人の供述〉をテーマとした供述証拠の事例を検討してきた。供述証拠とは、事件の痕跡が人の記憶に残されたものをいう。

一般に人の供述過程は、知覚→記憶→表現・叙述の各段階をたどり、それぞれの段階において誤りが介在しやすいと言われる。

例えば、虚偽自白では、知覚や記憶に誤りがあるわけではないが、嘘を言っているので、叙述に誤りがある（もっとも「空白の時間」を追及されて「もしかしたら、はっきり憶えていないだけで、やったのかもしれない」と思い込まされて虚偽自白をする事例もあるから記憶の混乱はありうる）。

目撃供述では、見間違いなど知覚の誤りや、事後的に呈示された情報により記憶が変容したりなど、記憶の誤りが多く起こる。ことに捜査機関が犯人の見込みを立てると、人々の同調傾向などにより、これに沿った供述が得られやすいし、やっかいなことに目撃者みずからは記憶の変容に気がつかないことが多い。

また、共犯者が、みずからの責任を軽くするために、他の者を巻き込んで「一緒にやった」と供述することがあるが、これは嘘をついているので叙述の誤りである。

ここまでの3つの章では、こうした供述の脆さ、危うさについて検討してきた。供述過程に科学的な検討を加えることが、供述心理学の役割である。供述心理学の有効な活用のためには、あらゆる重要供述について全事情聴取過程の記録化、とりわけ録音・録画化が必須である。

非供述証拠

供述証拠に対して、非供述証拠とは、事件の痕跡が人の記憶以外に残されたものを言う。物証とも言われる。

例えば、犯行現場に残された血痕、指紋、毛髪、DNAといった生体由来物、ゴミや紙片、手指に付着した繊維片、パソコンのハードディスクに残されたログ、防犯カメラの映像、殺人現場に残されたナイフなどの凶器、遺体の損傷、気道内の煤、胃内容物、放火現場の焼け跡などである。

目に見えにくい物については、法医学をはじめあらゆる分野の科学鑑定を行って、情報を読み取る。

非供述証拠には、知覚→記憶→表現・叙述という過程がなく、供述過程にみられる誤りが介在しない。供述の持つ脆さ、危うさは、物証にはない。

もっとも、物証は、壊れてしまうとか、性質が変化してしまうことはある。例えば指紋は、条件次第だが、6ヵ月も過ぎれば検出できなくなることがあるし、DNAが古く微量で、かつ高温多湿下で保存されたために、ばらばらに切れて鑑定できなくなったといった事態も生じうる。防犯カメラの映像なども、多くの場合、1週間程度で使い回しにより上書きされてしまう。

言うまでもなく、物証は早期に採取、保全し、その保管方法に万全を期さなければならない。

「物→人」型の捜査と「人→物」型の捜査

捜査は、供述ではなく物証を中心に行われるべきだと言われる。

また、「人→物」型の捜査ではなく「物→人」型の捜査が行われるべきだと言われる。「人を得て証を求む」捜査でなく「証を得て人を求む」捜査が求められる、と言うのも、同じ意味である。

「人→物」捜査の例は、わずかの情況証拠から怪しいとにらみ任意同行して、連日、長時間の取調べを行い、自白を迫る。あるいは飲み屋にツケがあったりすると詐欺罪などの軽微な別件で逮捕、勾留して、その身柄拘束を利用してもっぱら狙いの放火、殺人など重い本件の自白を迫るなどのやり方である。

自白中心の捜査を行うと、その結果は誤りやすい。そうした場合、虚偽自白は得られるかもしれないが、自白を裏付ける物証が得られない。

例えば、凶器はどこに捨てたと追及しても、知らないので答えられず、苦しまぎれに川に捨てたなどとしゃべり、警察官が大規模動員されて川底をさらったりするが発見されない。自白では凶器を捨てた場所が二転、三転する。自白調書には「今まで嘘をついていて申し訳ありませんでした」と書かれる。しかし、自白の変転後も凶器は発見されず、最後は燃やされて残渣《ざんさ》物は捨てられたことになったりする。

凶器の灰皿などの指紋すら採取せず、犯人についての「最初の描写」をろくに記録化もせず、怪しいとみた人物を身柄拘束して何度も単独面通しをさせ、そのたびに詳細性、確信度を増していく目撃供述だけにもとづいて起訴した事例なども、その一例である。

日本の冤罪・誤判の多くは、供述証拠に頼りすぎた捜査、公判が行われたために起きてきた。これまでの章からも示されたように、誤判の多くも、こうした「人→物」捜査を追認し、非供述証拠の証明力よりも供述証拠の証明力を重視することから発生している。

逆に、冤罪・誤判からの救済は、見落とされていた非供述証拠に光が当てられ、それと矛盾する供述証拠の信用性が否定されることによる場合が多い。

裁判は科学的に行われるべきである。そして物証は、刑事裁判の要石なのだ。

「物の関連性」についての供述

しかし、物証といえども、全く供述なしに証明力を持つことができるだろうか。現場に落ちていた血痕を分析して、DNA型を特定したとする。「犯行現場に血痕があり、私はその血痕を発見し、採取して保管し、鑑定人に手渡した」というのは、例えば警察官の供述である。これを「物の関連性」についての供述という。

物証は、その発見者や保管者などの「物の関連性」についての供述があって初めて、刑事裁判のうえで意味を持つ。

例えば、富山の氷見《ひみ》事件（2007年再審無罪）は、Yが強姦、強姦未遂の事件で有罪判決を受けて服役したが、後に真犯人が告白し、その真犯人の足跡と現場の足跡痕が一致した。一方、Yには、犯行時に自宅から固定電話をかけていた記録が残っており、再審無罪となった。

この事件では、自白により強姦に使用したとされるビニール紐が、物証とされていた。被害者の一人は金属製のチェーンと供述していたが、Yの自宅にチェーンがなかったため、代わりにビニール紐が押収され、自白ではビニール紐に結び目をたくさん作り、何とか鎖の雰囲気を出そうと苦心していた。

また、同じ被害者は、サバイバルナイフで脅されたと供述していたが、物証とされたのはYの自宅にあった果物ナイフだった。

これらの物証は、Yの虚偽自白により「物の関連性」が示されていたので、偽の物証だった。物証といっても「物の関連性」についての供述に疑問があれば、意味がないのである。

この氷見事件の例では、物証それ自体に被告人と犯行を結びつける証明力がないので、「それらしい外形をつくった」というだけである。しかし物証それ自体に、被告人と犯行とを結びつける強力な証明力があり、しかも「物の関連性」を示す供述への疑問が見過ごされたら、どうなるだろうか。これが物証の落とし穴である。

とくに、生体由来の物（尿、陰毛、血痕、指紋、DNA）に取り違え、もしくはすりかえなどの作為が疑われるときは、深刻である。生体に由来する物は、それ自体で、被告人と犯行とを強力に結びつける証明力を持つからである。

2010年、厚生労働省の元局長が被告人とされた郵便不正事件では、大阪地検特捜部の検察官がフロッピーディスクに作為を加えたことが明らかとなり、世間を驚かせた。確かに、恐るべきことであるが、残念ながら捜査官が物証に作為を加えた疑念を抱かれた事件は、昔から、必ずしも少なくない。この章では、いくつかそうした事例を短く紹介する。

科学鑑定

物証が指し示すものは、肉眼で明らかな場合もあるが、多くは科学鑑定を行い、そこから正確に情報を読み取る必要がある。

鑑定人も、人である。見落としなどにより、誤った結論を出す場合もある。ときに、捜査機関との日頃の親しい関係や、自白内容を先行して知らされることが、鑑定人をミスリードすることもある。

その意味で、鑑定人も供述の危うさから免れているわけではなく、誤った科学鑑定は大きな誤判原因となる。その場合、別の科学鑑定により、その誤りを明らかにするほかない。この章では、私が経験したそうした鑑定人の誤りの例も紹介する。

〈ケース8〉弘前大《ひろさきだい》教授夫人殺し事件――付着させられた血痕

（一審無罪、二審有罪、上告棄却、１９７７年仙台高等裁判所で再審無罪確定）

交錯する鑑定結果

この事件は、１９４９年8月6日夜、弘前大学の教授夫人（30歳）が実母と枕を並べて就寝中、何者かによって頸部を鋭利な刃物により一突きに刺されて死亡したという殺人事件である。警察官志望だったNは、事件の推理をあれこれと話していたことが怪しまれた。警察はNに出頭を求めた。Nは着替えるためそのとき着ていた白色シャツを脱ぎ、警察はその白シャツを押収した。

東京大学の古畑種基教授はこの白シャツに「赤褐色」の人血痕が付着しており、そのうち6点の血液型がB、M、Q、E型であると鑑定した。被害者の血液型はB、M、Q、E型であった。古畑鑑定によれば、「ベイズの定理」により確率計算すると、白色シャツの血痕と犯行現場の血痕が同一人物に由来する確率は98・5パーセントとのことであった。

被害者の母親は法廷で、犯人は被告人に間違いなく、面通しで透視鏡から覗いたときは、「被告人が犯人と全く同じであり卒倒するように感じたほどであった」と証言した。Nはずっと否認をしていた。

確定審で有罪とされた有力な証拠は、白シャツの血痕についての古畑鑑定だった。

白シャツは古畑鑑定の前に何度も鑑定されていた。警察は白シャツを押収した翌日の同年8月22日、弘前医科大学の引田一雄教授のもとに運び、血液付着があるか鑑定を依頼した。同教授はかつて「血痕の経時的変色について」という研究論文を出していた。

同教授は、白シャツに「灰色がかった黒ずんだ色（帯灰暗色）」の斑痕を二、三点認めたが、現場近くの路上から採取した血痕とは色調が明らかに異なり、もしこの斑痕が血痕だとしても、路上のものよりずっと古いものだとした。

鑑定者から引き上げられた白シャツ

ところが警察は翌日に白シャツを引田教授のもとから引き上げた。同年10月19日付の松木・間山鑑定では、白シャツには「赤褐色」の斑痕が11点あり、B、Q型と判定された。

翌年の1950年、9月20日付で前述の古畑鑑定が提出された。血痕の色は、時間がたつとともに赤褐色から褐色……、帯灰暗色、灰色へと変化する。しかしこの白シャツの血痕は、後になるほど、なぜか帯灰暗色から赤褐色へと変色しており「血痕の経時的変色」に反していた。

再審無罪判決（三浦克巳裁判長）は、「本件白シャツには、これが押収された当時には、もともと血痕は付着していなかったのではないかという推察が可能となる」。そうだとすると「確率の適用もその前提を欠き全く無意味となる」とした。

実母は、犯行間もないころには「暗くて犯人の顔はほとんど見なかったが、服装だけは大体見えた」と述べており、面割りは先入観に支配されていた可能性が高い。その後、証言は「卒倒するほど似ていた」と確信的となったが、目撃証言の確信度と正確性とは必ずしも関係がない。

この事件では、再審請求前に真犯人が自白をした。自白したTは事件のころヒロポン中毒で女性に対する似たような傷害事件をくり返していた。Tは服役中、良心の呵責に苦しんで修道女と文通して本件を自白することを決意し、出所後、Nの弁護人のもとを訪れた。Tの自白は「まっすぐに突き刺したつもりであったが、(被害者が)ぐっと首をひねったので、さらに頸部が切れゴボゴボと血の流れる音がした」などというもので、隣家の屋根から被害者らの就寝を見張っていた状況など「カメラのピントが合うように」細部にわたってぴったりと客観的な事実と符合するものだった。

ルポライターの鎌田慧は「どこで白シャツに血痕が付着したのか」を事件からおよそ30年後に、地を這うような取材を行い、追及した。

鎌田は、引田教授に面会する。同教授は「ぼくがみたあとで、誰かがつけた可能性がありますね」[表記は原文ママ、以下同]と述べた。

当時の捜査員は「誰かが血をつけたシャツを古畑教授に鑑定してもらったということで

しょう。わたしがみたときには、シミだか何だかわからないていどで、あれから鑑定できるはずはないんです」と述べた。鎌田は、松木・間山鑑定の間山（当時の鑑識課員）に面会をした。間山は「シャツの血痕は、飛沫ではない、鼻血のように上から垂れた血です」と述べた。飛び散った血痕なら星型になるが、シャツの血は洋梨型だった。

「その開襟シャツの血痕は……スポイト、あれでやったもんです」

「正式には駒込ピペット、というんです。先が細くて目盛りがついている。誰かがなんかしてそれでつけたとしか考えられなくなりました」

当時、間山は隣人に「Nは犯人ではない」と漏らしていた。松木（医師、当時公安委員）は、鎌田の取材を拒絶した（鎌田慧『弘前大学教授夫人殺人事件』文庫版は１９９０年刊、講談社文庫による）。

〈ケース９〉鹿児島夫婦殺し事件――陰毛すりかえの疑念

（一、二審有罪、１９８２年最高裁で破棄差戻し、１９８３年差戻し審の福岡高等裁判所で無罪確定）

陰毛と轍《わだち》

この事件の起訴内容は、以下のとおりである。

1969年1月15日午後9時ごろ、被告人XがT（38歳）宅においてTの妻（39歳）と同《どう》衾《きん》中、帰宅したTに見つかった。TはXを殴り、包丁で切りかかってきたため、Tの妻が夫の背後から「馬鍬《まぐわ》」（牛や馬にひかせて水田の土をかきならす農具）で後頭部を殴り昏倒させた。

XはTの妻に「生き返らないようにしてくれ」と頼まれ、Tの頸部にタオルを巻き付け、窒息死させた。

さらにXは、この犯行がTの妻の口から発覚することを恐れ、彼女の殺害を決意し、馬鍬で数回殴打したうえ、タオルを頸部に巻き付けて窒息死させた。

この夫婦殺しの発覚後、警察はT宅私道上にXの軽四輪と一致する車轍痕《しゃてつこん》を発見したことからXを犯人と見込んだ。Xが分割払いで買ったラジオの代金を半額以上滞らせていたことなどから、これを詐欺罪だとして裁判官に令状を発付させ、Xを「別件逮捕、勾留」し、その身柄拘束を利用して、もっぱら夫婦殺しの取調べを行った。

Xによれば、朝から晩まで座敷に正座させられ、手錠を掛けたままの取調べなどが行われたという。同年4月12日に逮捕されてからXはずっと否認を続けていたが、7月2日に至って自白に落ちた。

公判では、被告人Xは起訴内容を否認し、捜査段階の自白調書の信用性が最大の争点となった。

有罪とした一、二審判決は、自白が客観的な証拠により裏付けられており、信用できるとした。客観的な証拠のおもなものは、以下の2点だった。

①Tの妻の死体から採取したTの妻以外に由来する陰毛3本のうち1本（以下「毛髪A」）がXに由来すると認められるとの科学警察研究所（警察庁に所属。以下「科警研」）の技官の鑑定書

②T方私道上から採取された車轍痕が、被告人Xの軽四輪と紋様および摩耗の形状が一致するとの鑑定書

陰毛が本当にXに由来すれば、自白中、Tの妻と同衾していたという状況の一部は裏付けられる（それが当夜のことかどうかは別として）。

ところが、陰毛の保管をめぐって奇妙なことが起こった。鹿児島県警の鑑識課では、Xから、対比鑑定用の資料として23本の陰毛を採取した。このうち5本が、鑑識課が保管しているときに所在不明となったことがわかった。

鑑識課員は「所在不明となっていた陰毛を発見した」として検察官を通じて5本の毛髪を裁判所に提出した。しかし、科警研の鑑定の結果、そのあらたに提出された5本の毛髪

は、陰毛ではなく頭毛であることが判明したのである。

被告人Xから採取した陰毛5本が所在不明となったのは、Tの妻から採取された本人以外に由来する3本の陰毛が科警研に送付される前だった。さらに、県警の鑑識課員の鑑定書の「毛髪A」の記述と、科警研技官の鑑定書の「毛髪A」の記述には、その長さ、捻転・屈曲ぐあいに微妙な違いがあった。

最高裁判決は、紛失したXの陰毛の一部がTの妻の死体から採取された陰毛の中に混入し、科警研の鑑定の資料とされたのではないか、という疑いを否定することができないとした。

車轍痕については、被告人は、取調べの最初から、17日にT宅に車で赴き、私道に乗り入れたと述べていた。犯行日が15日で、16日と18日の夜は雨だった。車轍痕が採取されたのは18日、19日だったが、私道は雨により崩れやすい赤土であり、15日の車轍痕は採取されなくなっていたのではないかとの疑問が残された。

馬鍬のゆくえ

なお、自白によれば、凶器とされた「馬鍬」を軽四輪の荷台に積んで逃走中、その馬鍬が荷台から落ちたとされていたが、馬鍬は大きく、そんなことは希有の可能性しかない。

しかも、落ちたとされた道路周辺には警察官がくり返し大量動員され、くまなく捜索が行われたが、ついに馬鍬は発見されずじまいだった。なかったものが発見されるはずがないということだ。

また、現場遺留指紋も45個採取されていたが、被告人に一致するものはひとつもなかった。現場の飛散した血痕状況から犯人は返り血を浴びたと考えられるが、被告人の身辺から血痕の付着した着衣などが発見されなかった。

Xの自白には、それが真実であれば当然あると思われる客観的な証拠による裏付けが、結局一切なかった。警察は、T宅の鏡台の引き出し取手には血痕の付着があり、犯人による金品物色の形跡があったとしていた。しかし自白にはそのことの説明が一切欠落していた。こうして自白の信用性は否定された。

起訴内容もそれ自体が、とくに口封じのため第二の殺人を犯すあたりが、ストーリーとしてかなり不自然であることは否めない。

〈ケース10〉浦和の覚せい剤事件——尿のすりかえの疑念

（1992年1月14日、一審で無罪確定）

逮捕された捜査協力者

この事件の起訴内容は、以下の通りである。

「被告人は、90年1月11日ごろ、東京都内およびその周辺において、覚せい剤であるフェニルメチルアミノプロパンを含有する水溶液若干量を自己の右腕部に注射し、もって覚せい剤を使用したものである」

被告人Yは、覚せい剤の前科があり、1989年以降、警視庁の田園調布警察署のS刑事の調べを受けていた。

同刑事はYが覚せい剤関係者と絶縁したがっていることを知り「覚せい剤関係者の情報を流せばもう近づいて来ないから、それが手を切る一番いい方法だ」と説き、「もっと深くさぐれ」「現場を押さえるのが一番だ」などと指示し、彼女に捜査協力させていた。

1990年1月11日昼頃、S刑事からYに電話が入った。YはS刑事への捜査協力のため、前夜、池袋の公園で覚せい剤の密売人と接触していた。そして、密売人を信用させるため右腕に注射を打つまねをしたと同刑事に伝えた。同刑事は「今日会ってその件を話そう。私から連絡があるまで家にいるように」と指示した。

ところがSからの連絡を待っていた同日夕方、埼玉県警の朝霞《あさか》警察署のQ刑事らが突然、都内のYの自宅に来て、朝霞警察署への同行を求めた。同署の取調室でQはYに尿の提出を求めた。Yはこれに応じて便所内で、午後9時半ごろ、R婦警立会いのもと容器に尿を採取し、提出した。Qらは、その容器をYに封印、指印をさせないまま便所の外へ運んだ。

取調室でQが、Yの目の前で同型の容器から尿を紙コップに取り分け、予試験をしたところ、陽性反応を呈した。その後、Yに容器に封印、指印をさせ、彼女を緊急逮捕した。

封印、指印した採尿容器は、翌12日付で科学捜査研究所（警視庁、各都道府県警察本部に所属。以下「科捜研」）に鑑定嘱託されたが、「覚せい剤フェニルメチルアミノプロパンが検出された」との鑑定結果が出た。

Yは、「覚せい剤の密売人を信用させるために覚せい剤を打つまねをしただけで、絶対に注射はしていない」と否認した。

そして、「私は、便所内で採尿容器の中蓋を閉め、上蓋をのせた状態でこれをQに手渡した後、洗面所で手を洗い、立会いのR婦警と一緒に取調室に戻った。容器を受け取ったQは自分より先に便所を出た。Qは自分が取調室に戻ったときはそこにおらず15分か20分後に、容器を持って入って来た。その後すぐに行った予試験の結果、陽性であるといわれ、納得いかなかったが、言われるままに封印、指印してしまった」と供述した。Yは、採尿の翌日から、ずっとこのように述べていた。

他方、警察官らは一致して、「採尿容器は、蓋をしただけの状態で被告人が手に持ち、取調室に運んで机の上に置いた。取調室の机の上で予試験用に若干量を紙コップに移した後、被告人に封印をさせ、指印もさせた。その間、採尿容器が被告人の面前から消えたことは一度もない」と証言した。

Yは「1月13日の検察官の取調べのとき、検察官に対し、採尿容器が一時自分の視界から消えたことがあると訴えたが、そのさい検察官から『じゃどのぐらいその尿が目の前から消えたんだ』と質問があったので、付添いのR婦警に振り向いて、『二、三十分だったでしょうか』と聞いたら、R婦警は、『そんなに長くなかったと思う』とおっしゃってくださった」と法廷で述べた。

そのR婦警は、法廷で「検察官の取調べのときYは『10分から15分くらい目の前から尿が持ち出された』と言って、私の方をふり返った、これに対して私は、『そんなに長くはない』と言ったかもしれない」と証言した。事実上、R婦警は、Yの供述を認めたのだ。

Yは、逮捕された11日、予試験の結果が陽性であったと告げられた直後から、捜査官に対して尿の再検査を求め続けていた。13日付検察官面前調書にも、「もう一度尿の再検査をしていただきたいと思う」と記載されていた。

しかし、警察官らは再検査の訴えを取り上げなかった。

電子手帳の中から覚せい剤を発見？

この件の捜査には、他にも不可解、不明朗な点がいくつもあった。とくに以下の点だ。朝霞署は、Yの了解を得ずに無断で彼女の電子手帳を保管した。その電子手帳の中から、覚せい剤が見つかったというのである。

P刑事は「17日の朝、電子手帳を預かったことを思い出し、O係長、Qらに『こういうものを預かっている』といって金庫から電子手帳を取り出し、O係長らの前で見せた。そのときに何かゴソッと感じるものがあったので、手帳を開けてみると、銀紙に包まれた薬の包のようなものが見つかった。ピンセットで広げてみると、中から覚せい剤が出て来た」と証言した。

しかしO係長は、自分は電子手帳を開けたその場にいなかった、あとで報告を受けただけだと証言し、P刑事の証言と矛盾した。

電子手帳から覚せい剤を発見したという以降の警察官らの行動は、さらに不可解だった。P刑事は、Yの前で銀紙を広げ、彼女にその覚せい剤の任意提出を求めたが、「自分の物ではない」と拒まれたので、差押えた。しかしP刑事、M刑事は、その後、銀紙に包まれた覚せい剤について、予試験もせず、科捜研への鑑定嘱託も行わなかったと証言した。覚せい剤も鑑定をしなければ、ただの「白い粉」に過ぎない。考えられないことだ。

M刑事は、検察官がこの件についてどういう処分をしたのかと聞かれても、答えられなかった。「調べてきます」と言って、次の公判で「起訴猶予になりました」と証言した（検察庁の処分の基準として、この場合、「起訴猶予」は考えられない）。

電子手帳の件は嘘であろう。

情報提供者の話

事件を振り返ると、11日に、YがS刑事の指示で在宅していたところ、タイミングよく朝霞署のQらが来た。おそらく、S刑事はYが売人に対して覚せい剤を打つまねをしたのではなく、実際に打ったと思い、朝霞署に連絡したのではないだろうか。

埼玉県警の朝霞署のQ刑事が、管轄区域外の都内のY宅に来たのも不可解なことだ。

Qは、Yのことは、S刑事からではなく、1989年10月初旬、ある情報提供者から知った、と証言した。そしてその提供者の氏名は捜査の秘密だとして証言を拒んだ。Qはまた、その提供者は10月下旬に逮捕した、同種の前科がある暴力団員で、科捜研での尿の鑑定結果も陽性だったが起訴猶予処分とされた、と証言した。

ところが、裁判官が科捜研に対して照会をしたところ、「89年10月1日から11月30日までの間に朝霞署から尿の覚せい剤含有の有無について鑑定の委嘱を受けた事実はない」との回答だった。情報提供者の話は嘘だったのだ。

公判を重ねるごとに、警察官らの証言の信用性は低下していった。

判決（木谷明裁判長）は、尿のすりかえについての疑いを認めて、Yを無罪とした。

浦和地方裁判所は、1991年12月10日にも、別の覚せい剤事件で、警察官が便所内で紙コップから採尿容器に尿を移し替えていたことが被告人に見とがめられた事例で、警察官が採尿容器に他人の尿を混入させた疑いを認め、無罪の判決を言い渡している。

2件とも検察官は控訴をせず、判決は確定した。

〈ケース11〉足利事件——DNAの取り違えの疑念

（一、二審有罪、上告棄却、2010年3月26日、再審無罪判決）

4歳幼女への暴行殺人容疑

２００９年、この足利事件の再審開始決定は、大きな注目を集め、冤罪事件への社会の関心が高まるきっかけのひとつとなった。この事件についても振り返りたい。

１９９０年5月、栃木県足利市で4歳の幼女が行方不明となり、翌日、河川敷で遺体が発見された。

被害者の半袖下着には精液が付着していた。血液型はＢの分泌型（血液以外の体液からも血液型がわかること）だった。栃木県警は、すべての付近住民を訪ねて、血液型を提供するよう協力を求めた。そしてＢの分泌型の者を選り分け、独身で幼稚園バス運転手だった菅家さんを尾行、91年6月に、菅家さんが捨てたゴミ袋から、使用済みティッシュを拾った。

科警研はＤＮＡ型鑑定を行い、ＭＣＴ118と名付けられたローカス（ＤＮＡの部位）でＤＮＡ型が一致したと判定した。ＤＮＡは、4種類の塩基であるＡ（アデニン）、Ｇ（グアニン）、Ｃ（シトシン）、Ｔ（チミン）が並んだ物質である。このローカスは、「ＧＡＡＧＡＣＣＡＣＣＧＧＡＡＡＧ」という16の塩基配列が何回もくり返される。そのくり返し回数（14回から42回）が人によって異なるため、回数によって人のタイプ分けがされる。

この鑑定を受けて、栃木県警は菅家さんを任意同行した。取調べ中、菅家さんの髪の毛を引っ張り、「馬鹿面しているな」と言い、「精液が一致している」とおどし、虚偽自白を強要し、自白調書を多数作った。

なお、足利事件の自白調書の任意性と信用性については、ここでは触れない。

科警研の鑑定

科警研の鑑定では、着衣の犯人遺留精液と菅家さんのMCT118ローカスのDNA型はともに「16－26型」とされた（16とか26という数字は、ある16塩基配列のくり返し回数をあらわす。16というのは、その16塩基配列が16回くり返されているということ。人は、父母から減数分裂した1セットずつのDNAを受け取るので、DNAを2セット持つ。したがってMCT118ローカスも2つあり、くり返し回数の数字が2つ表記される。血液型で、AA型、AB型、BO型など因子が2つ表記されるのと同じである）。

そのタイプの出現頻度は、結局約1000分の1・2であり決定的ではなかった。しかし菅家さんは公判でも（検察からは別件2件を起訴すれば死刑になるとおどされ、弁護人にも信じてもらえず）自白をし、第6回公判になって否認をした。

1993年7月、宇都宮地裁は、菅家さんを無期懲役とした。その後控訴審、上告審とも弁護側が求めた再鑑定を行わず、控訴、上告とも棄却された。

じつは、MCT118のくり返し回数を決めるのに、マーカーとして「123ベースラダー」(123塩基配列ごとに構成が異なるもの)を用いて切り取ったMCT118ローカスのDNA断片の長さを計り、全塩基数を出し、それを16で割ってくり返し回数を計算していた。しかしDNAは、塩基数は同じでも、その中身が異なると、長さが異なり、これまでは長さやくり返し回数が正しく測れていないことが判明した。あたらしいマーカーはMCT118と同じ塩基構成であり、これで測ると、「16–26型」は「18–30型」であると科警研の論文が指摘し、検察官はそのように主張し、裁判所もこれを受け入れた。

覆った鑑定結果

上告審では、弁護側から、菅家さんのMCT118のDNA型は「18–29型」であるという鑑定(押田茂實日本大学教授)が提出された。しかし最高裁はこれを無視した。押田鑑定は、菅家さんが拘置所から送って来た髪の毛を鑑定試料として行われた。再審請求を受けた宇都宮地裁は、押田鑑定を「鑑定試料が請求人(菅家さんのこと)に由来するかどうか疑問がある」として証拠価値を認めず、また再鑑定の請求も「必要性がない」として採用せず、2008年請求を棄却した。押田教授は、鑑定試料の残りのミトコンドリアDNA型を調べ、菅家さんの兄のミトコンドリアのDNA型と一致することを示し、鑑定試料が菅家さん本人に由来することを証明した（ミトコンドリアは母のみから受け継ぐので、兄弟で一致する）。

　東京高裁は２００８年12月、再鑑定を行うことを決定し、検察側、弁護側がそれぞれ推薦する鑑定人２名に鑑定を命じた。

　その結果、検察側が推薦した鈴木広一鑑定人（大阪医科大学教授）のＳＴＲ検査（４つの短い塩基配列のくり返しがあり、くり返し回数が人によって異なる部位に対する検査の総称。ＳＴＲ検査のローカスはいくつもある）で32ヵ所のローカスを調べたところ26ヵ所で違っており、弁護側が推薦した本田克也鑑定人（筑波大学教授）のＹ染色体検査では８ヵ所のうち５ヵ所で異なっていた。本田教授は、ＭＣＴ118ローカスの検査をも当時の方法で追試した。菅家さんは「18－29型」であり、押田鑑定の結果を裏付けた。しかし、犯人の遺留精液は５００回以上試しても「18－24型」だった。科警研鑑定では犯人の遺留精液は「18－30型」とされていた。

ひとつの鑑定機関だけにゆだねることの危険性

　現在は、15ヵ所のＳＴＲ検査が同時にできる「アイデンティティー・ファイラー」ですべてのローカスでＤＮＡ型が一致する確率は、約４兆７０００億分の１といわれる。検察は、鑑定の「精度」が上がったために誤判が判明したとし、新聞も「精度の低い鑑定を盲信じた」などと報じている。

しかし「精度」とはあいまいな言葉だ。1000分の1・2の確率が、4兆7000億分の1の確率に「精度」が上がったために本当のことがわかったという問題ではない。科警研鑑定は、くり返し回数24回を、30回と誤判定したのである。しかし24回を30回と「数え間違える」ことがありうるだろうか。

本田鑑定は、科警研と同じ「電気泳動法」で、くり返し回数を数えた。電気泳動法とは、寒天状の物（ゲル）を透明プレートに入れて両極に電位差をもうけ、切り取ったDNAの断片（ここではMCT118ローカス）を一方の極の方から中に入れて泳がせる。DNAの断片は（マイナスに荷電しているので）電位差により反対の極に向けて移動する。ハシゴをくぐり抜ける障害物競走では大きい人ほど不利であるのに似て、大きくて重い、すなわちくり返し回数が多いDNA断片ほど、寒天状の網目にひっかかって動きが鈍くなり、その移動距離が短くなる。くり返し回数が小さいものほど移動距離が長い。こうして移動距離をはかり、くり返し回数を数える方法である。

本田教授は、結果の再現性を保証するため500回以上試行して、同じ24回という結論しか出なかった。

科警研は誤りの原因を、電気泳動をさせたゲルの濃度の均一性のなさや、写真の不鮮明さなどとしているが、そんなことで24回と30回の違いは説明できない。

再審請求審の宇都宮地裁は、押田鑑定の鑑定試料が本当に被告人に由来するのか、猜疑心を抱いた。しかし逆に、科警研鑑定の鑑定試料こそ、本当に犯人が遺留した精液斑に由来したのかが問題とされなければならない。取り違えやすりかえを疑う他ないように思う。

DNA鑑定において取り違えやすりかえが行われたとすれば、これほど怖いことはない。肉眼で異常を発見できず、DNA鑑定の個人識別能力は非常に高まっているからだ。現在この点は、物証を採取、保管する警察官や、鑑定人の良心にゆだねられており、私たちはこの危険を防ぐための法制度を持っていない。

少なくとも、ひとつの鑑定機関にだけ鑑定をゆだねることは危険である。被告人に対する「再鑑定を受ける権利の保障」と、その前提としての「鑑定試料の保存」「鑑定試料の全量消費の禁止」の法制化が、早急に求められる。

〈ケース12〉下高井戸放火事件再び——誤った鑑定

この章の最後に、鑑定人が見落としにより、鑑定を誤った例を紹介する。第1章の虚偽自白の最初に取り上げた下高井戸放火事件のケースを、再びここで取り上げる。

先に述べたように、この事件では、都内の寿司店が放火され、そのとき2階で寝ていた被告人Tが起訴された。被告人は、警視庁で嘘の自白を強いられ「(同じ建物内となりの)ペットショップ2階の押入にポリタンクで灯油をまいて火をつけた」と自白をした。

しかし、消防署の調査によれば、「火元は寿司店の1階の壁付近」とされており、自白と客観的な証拠が矛盾していた。自白は信用できないはずだった。

ところが警視庁は、火災の研究者に鑑定を嘱託し「1階も火元であるが、2階の押入内も火元である」という鑑定結果を得た。2階の押入床下の角材である「梁《はり》」が、上方の角部はよく焼けて丸くなっていたが、下方の角部は焼けずに角張っていた。よって鑑定人は「梁の上方に火源がある」と判断した。この鑑定結果を得て、検察官は被告人を起訴した。

これに対して弁護側は、2階の押入床下の「梁」のうえに、もうひとつ「根太《ねだ》」という角材がのっていたことを発見した。「根太」は大半が焼失していたために、検察側の鑑定はこれを見落としていた。

弁護側は別の火災研究者に鑑定を依頼し、「根太」が存在すれば1階から燃え上がった炎により、「梁」の上方が下方よりもよく焼けることを理論と実験で証明した。そして燃え残りの写真から「火元は1階のみ」との鑑定結果を得た。検察側鑑定がくずれ、それによって自白の信用性もくずれて無罪となった事例である。

以下に、検察側鑑定をいかに崩していったかを具体的に述べる。

自白と出火箇所との矛盾

消防署は出火箇所を寿司店1階西側壁付近1ヵ所のみ、と「出火原因判定書」で特定していた。したがって「ペットショップ2階押入床にポリタンクを倒して石油を流して火をつけた」との自白は、この出火原因判定書と矛盾する。

この矛盾を抱えたまま、起訴するには無理がある。もし、Tがいまだに警察の掌中で虚偽自白を続けていれば、その矛盾は、自白内容を変えさせることにより解決させられたであろう（この場合、例えば「本当は、火をつけたのは寿司店1階店舗内でした。今まで嘘をついていて申し訳ありませんでした。詳しいことは、明日申し上げます」などと自白調書に書かれる）。

捜査段階で弁護人がつかず、あるいは弁護活動が不十分だった冤罪事件では、数十通も自白調書が作成され、その内容が大きく「変遷」していることが多い。捜査側が、当初の自白に客観的な証拠との矛盾を見出して、自白内容を変えることを求めるためだ。しかし

Tを再度自白に転じさせることは、捜査側にはもう望めなかった。

本当の火元はどこだったのか

自白を変遷させることができないとすれば、この矛盾を解決するには、消防署の「出火原因判定書」の「出火箇所は寿司店1階西側壁付近のみ」との結論の方を動かすしかな

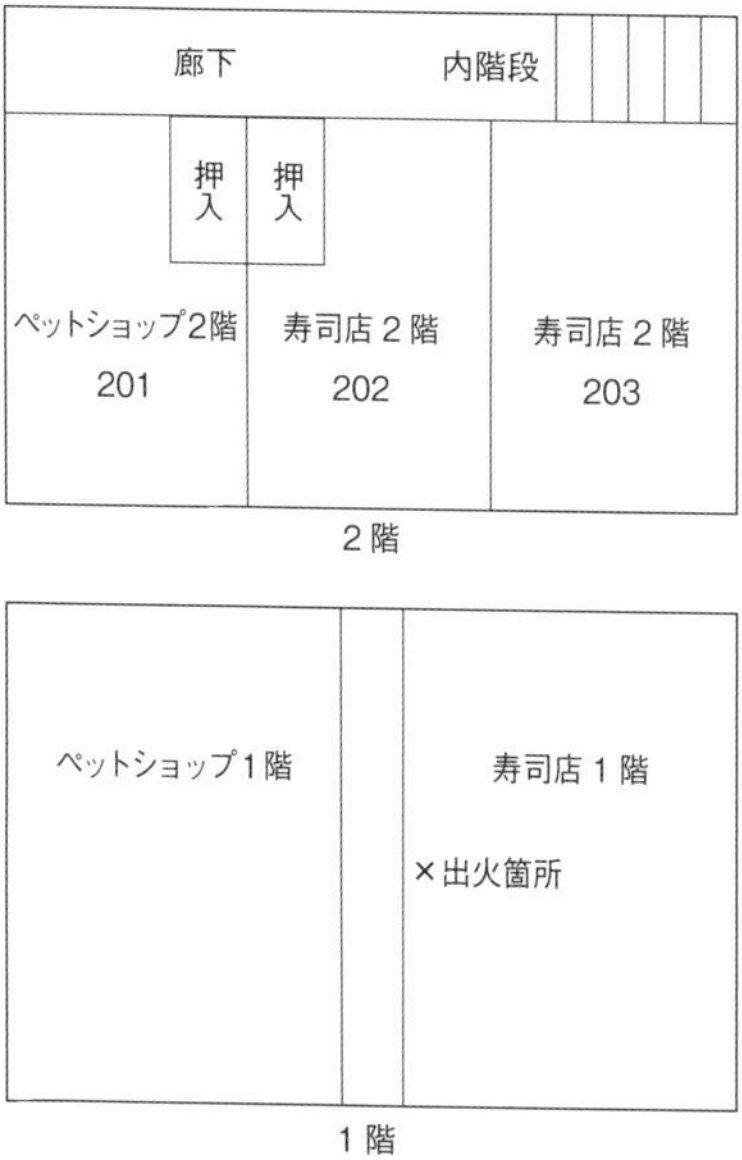

図表2　寿司店平面図

い。

警視庁はペットショップと寿司店の2階押入を部分再現し、ペットショップ押入の床に石油のポリタンクを倒して火をつけるという自白に沿った火災実験を警視庁火災研究センターで行った。警視庁は実験に須川修身東京理科大学助教授（当時）に立ち会ってもらい、同氏に出火箇所の鑑定を委嘱した。わずか数日間でできた鑑定書の内容は「1階寿司店西側壁付近も火元であるが、2階ペットショップ押入の床上付近も火元であり、2ヵ所に火元があってそれぞれから拡がった火炎が融合した」というものだった。その根拠は次のとおりだった。

現場写真によれば、2階押入床下の梁の上部は、角部が燃えて欠損し丸くなっている。しかし同じ梁の下部は角部が欠損するまでには至っていない（図表3）。梁の上に押入床板がのっているから、梁の上部と押入床板の間には空気が入り込まない。

仮に、1階から延焼した炎により、2階押入床下の梁が燃やされたとする。そのとき梁の上部と押入床板の間には空気がないので、梁上部の角部は燃えにくい。しかし、梁下部には空気があるので、よく燃えて角部が丸く欠損する（図表4）。

ところが、現場写真の梁の燃え方は逆である。したがって本件では押入床上に火元があ

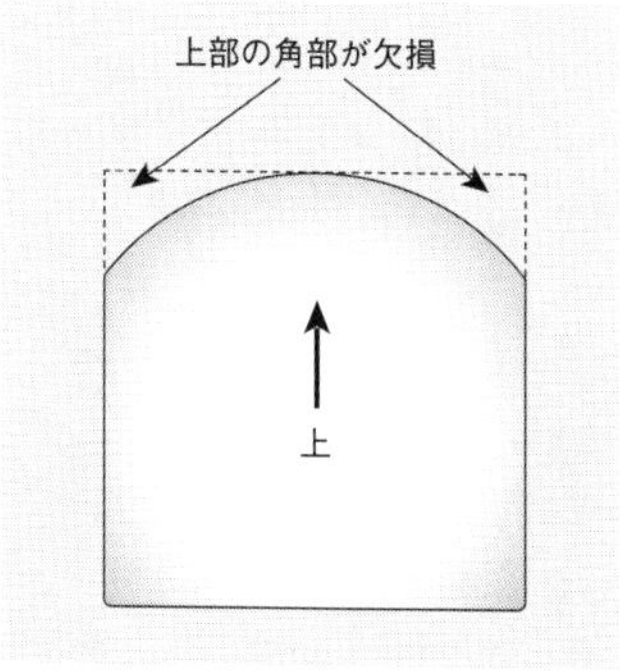

図表３　押入床下の梁角部の欠損状況

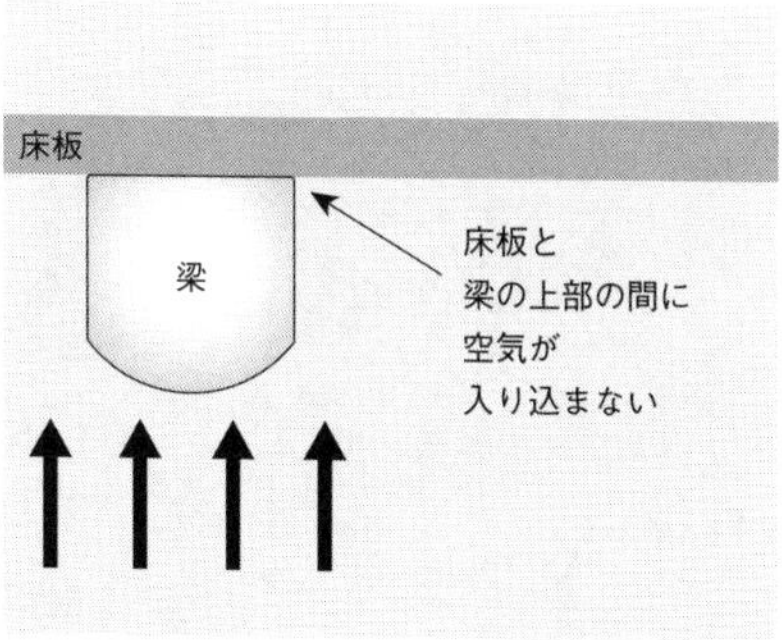

図表４　須川鑑定における床下の炎の流れの方向性

ったと考えられる。

起訴と自白の「信用性」をめぐる鑑定

２０００年12月11日、須川修身氏の鑑定書が検察庁に提出され、同13日に起訴がされた。

起訴内容は、第一に、寿司店１階の西側壁付近に手段不明の方法で火をつけ、ペットショップ２階押入のポリタンクを倒して石油にライターで火をつけ、人が現住する建物を放火したこと（現住建造物放火罪）、第二に、出火原因が放火であるにもかかわらず漏電だと嘘を述べて保険会社をだまし、金７００万円余りを交付させたこと（詐欺罪）であった。

この事件の公判は毎月１回、午前10時から午後5時まで33回行われた。

争点は多かったが、ここでは自白の「信用性」をめぐり、出火箇所についての検察側、弁護側の鑑定についてだけ述べる。

１枚の写真が検察側鑑定を崩した

公判では、出火箇所が寿司店１階のみか、自白どおりペットショップ２階押入内も出火箇所なのかが、最大の争点となった。

須川鑑定の根拠は、すでに述べた。しかし現場写真をよく検討すると、梁の上に根太という角材（3センチ×4センチ規格）が1本だけのっかっていることがわかった。火災前の状態を復元すれば、梁の上に、梁と交叉するように根太がほぼ30センチ間隔で何本も渡してあり、2階床板を支えていた。梁のうえに根太がのり、根太のうえに押入床板がのせられ

1枚の現場写真

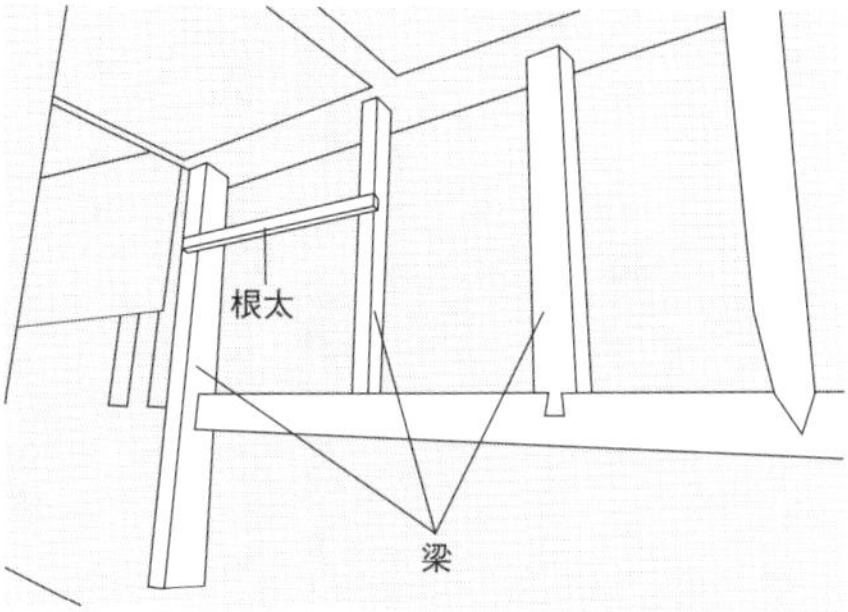

図表5　梁と床はぴったりとくっついていない

ていた。火事後は、1本を除き焼失していたのだ。警察が行った火災実験の押入床下の再現写真でも梁の上に根太がのせてあった。

須川鑑定はこれを見落としていた。私たちは、大工さんに「梁」のうえに「根太」がのり、そのうえに床板がのっている構造が通常であることを確認した（前ページ、図表5）。

そこで反対尋問では、諏訪東京理科大学の須川教授（証言当時）に、梁の上部と床板が隙間なくぴったりとくっついていて、そこには空気が入り込む余地がないと認識していることを、くり返し表現を替えながらつぶさに証言してもらった。

須川教授は証言で「これは常識的なことがらに属すると思いますが」などと、梁と床板とがぴったりとくっついていることは「常識」だと何度も述べた。

そのうえで、私は、

「でも、仮に梁の上部と床板との間に1～2センチぐらいの隙間があれば、下からの火で梁上部が炭化することはありますでしょうか」

と、質問をして、

「すきまがないようにつくっているはずですから、そのような仮定は意味がないと思いますが、もしおっしゃるように1～2センチ開いていれば、それは上部が炭化することは十分ありうるでしょう」

との証言を引き出した。

私は、そして、根太が写った一葉の写真を示した。梁の上に根太がのっていることは明らかだった。以後質問を続行すると、同教授はほとんど何を聞かれても「はい」と、かしこまった肯定の返答をするばかりとなった。

検察は、この事件でも自白にもとづいて2階押入を調べると、火源があることがわかった。被告人の自白は「秘密の暴露」に当たり、信用性が高いと主張していた。しかしこれで検察側立証の最大のポイントとなる鑑定は、信用性が大きく揺らいだ。

「正しいことだけが結論になる」

しかし、これで安心していると決して無罪判決は出ない。

そこで、弁護側で鑑定を準備した。弁護人が日曜大工で梁や根太、床板などの押入床下を再現し、独立行政法人消防研究所の実験室の使用許可を得て、下からの炎であぶる実験をした。その結果、どうも梁の上角部の方が強く焼けるように思った。

そこで、火災の専門家に鑑定をお願いすることになった。消防研究所は鑑定を引き受けられないとのことで、東邦大学の佐藤研二教授を紹介してくださった。同教授は、日本火災学会が編集する教科書の編集代表などもつとめていた。

私が研究室を訪ねると、同教授は消防研究所に黒電話のダイヤルを回して紹介を確認していた。そのうえで私の説明を聞いてくれた。最後に「正しいことだけが結論になる。それだけです」と答えて、鑑定を引き受けてくださった。

「鑑定事項」は、1階から進展した炎で2階の押入床下の梁の上部が炭化することがあるか、その際、梁の上部が下部よりもより炭化することがあるか、であった。

佐藤教授は、消防研究所の実験室を使用し、2回にわたり「モデル火災実験」を行った。そのさい、梁と床板の間に隙間があったこと、1階の火元と2階の押入床下の梁は、縦方向、横方向にそれぞれ二、三メートルずれていることから、梁は直下からの炎にあぶられるのではないことを実験の条件とした。

実験を見て素人にもよくわかったのは、火の流れについてであった。

木材が熱せられると、分子の熱運動が激しくなり、固体だった分子がついに気化してメタン、プロパンなどの可燃性気体となる。それは熱いから上昇する。しかし、上にボードがあれば、拘束され、水平方向に広がっていくほかない。可燃性気体が酸素と反応して二酸化炭素と水になり、その際、熱や光としてエネルギーを発するのが燃焼であり、火の流れは可燃性気体の流れとほぼ同じである。

火はボードの下をなめるように水平方向に数メートルもきれいに燃え広がった。これは

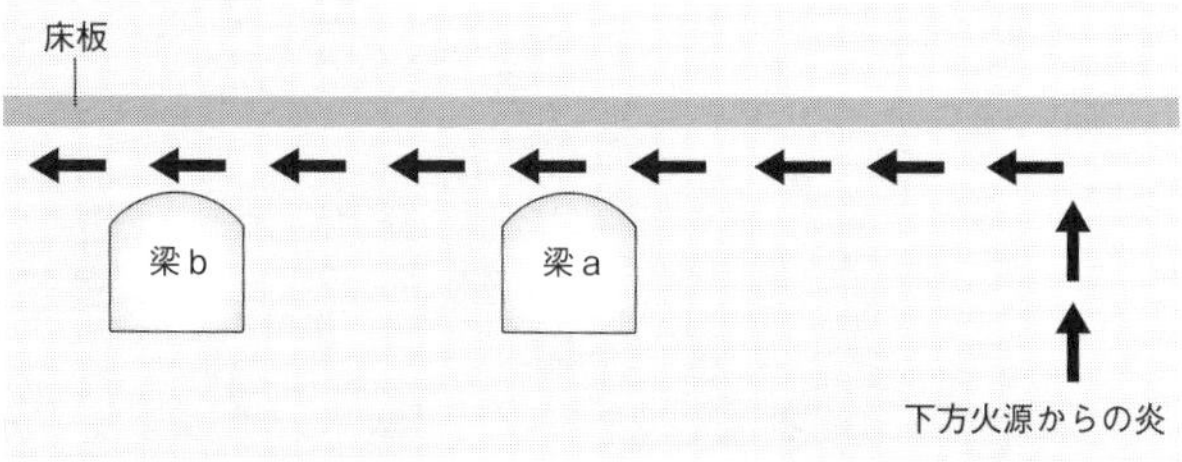

図表6　佐藤鑑定における押入床下の炎の流れの方向性

先生に見せていただいた専門書の挿絵にそっくりで深い感動をおぼえた。ボード下にいくらかすきまをおいて試験片を置くと、ちょうど、水平方向に燃え広がって来た炎は、そのすきまを通り抜けて試験片の上部を炭化させる。水平方向の炎は厚みがないので試験片の下部の炭化度は小さい（図表6）。

実験装置、実験費用は、支援者にお願いすることができた。冤罪事件は、裁判支援なくしてたたかえるものでないことがよくわかった。

燃え広がり方を推理する

私たち5名の弁護団は、消防大学が消防署員用にまとめた「現場の見方」という本やビデオなどの教材を学習した。これらの教材は「同一の素材どうしで炭化度をくらべる。炭化度が大きい方が長く燃えていた。だから火の燃え広がった方向性は、炭化度が大きい方から小さい方へである」などのいくつかの基本法則を教える内容である。この基本法則から、焼け跡から燃え広がりの方向性を推理し、さらに火元を推理することを学んだ。

当初は現場写真を見てもピンとこなかったが、弁護団で何度も写真を見ながら議論することにより、徐々に現場写真から「焼けの方向性」という情報を読み取ることができるようになった。議論するたびに、何らかの発見があった。そして、佐藤教授の教えにより、火の燃え広がり方について確信を持つことができた。

まず、寿司店1階西側壁付近から立ち上がった炎は、やがて1階の天井を燃え抜いた。そして天井裏に入った炎は、2階の床下に拘束されて水平方向に四方八方に燃え広がった。そして2階床下のうち、もっとも燃え抜きやすい素材が先に燃え抜かれたのだ。

消火にあたった消防署員の証言によれば、畳は非常に燃え抜きにくい素材であり、実際に寿司店2階の畳は消火のため中に入ったときにドサッと落ちて来たとのことだった。消防署員は、他方、押入床板はベニヤ一枚で薄いから燃え抜きやすく、押入は、よく1階から2階への延焼の経路になると証言していた。

警官の証言「火災実験は2回行いましたが……」

公判が終盤にさしかかったころ、ある警察官が「火災実験は2回行いましたが……」と証言した。私たちはハッとした。火災実験は、2階押入を部分再現して自白どおり押入床板に火をつけたもの1回だけだと思い込んでいたからだ。

そこで、その警察官に「2回目はいつごろやったのですか」「どんな実験でしたか」と尋問した。証拠開示させたところ、それは建物の1階2階を部分再現して1階壁付近に火をつけ、2階への火の回り方をしらべたものだった。かなり大掛かりな火災実験で、私たちの資力では到底できない代物だった。この火災実験によると、1階天井を燃え抜いた炎は、天井裏に入り、2階床下に拘束されて水平方向に燃え広がった後、火源から遠い2階押入床板を最初に燃え抜いていた。火源の直上の畳はびくともしていなかった。これは佐藤教授の推理を裏付けるものだった。


法廷で佐藤教授の証人尋問が行われた。同教授は200枚近い現場写真をじつに細かく検討しており、どんな小さな痕跡をも見逃していなかった。そしてそれらの痕跡を残した火の流れについて考察を加えていた。

裁判長は、身を乗り出すようにしながら、みずから質問を加えてきた。その質問はかなり鋭かった。こうして判決は佐藤鑑定を「信用できる」とした。

検察側の第二鑑定

検察官は、須川教授の第二鑑定を申請した。その結論は第一鑑定と同じく、2階押入床上にも火源があるというものだった。しかし同教授は、第一鑑定の根拠は捨て去っており、全くあらたな根拠を述べた。それによると寿司店1階西側壁付近から燃え上がった炎は、直上の天井と畳の床を最初に燃え抜き、2階天井も燃え抜き、屋根に達するほどの巨大な火柱ができた。この火柱の中心から外れたところにある寿司店2階とペットショップ2階押入には、1階火源からの炎がとどかなかったはずである。しかし2階押入がよく焼けているので、寿司店1階とは独立の火源を考えなければ説明できない、というものであった。

しかし、前述のとおり、警察が行った建物の1階、2階を部分再現した火災実験によると、炎は寿司店1階西側壁付近から立ち上がり、天井を燃え抜いて天井裏に入り、2階床板に拘束されて水平方向に広がった。そして広がった炎は、1階の火源からは遠い2階押入床板を一番先に燃え抜いた。1階の火源のすぐ上にある2階の畳は、ほとんど燃えておらず、びくともしていなかった。

この警察が行った実験の結果は、須川第二鑑定と真っ向から矛盾するものだった。そして驚いたことに、この火災実験に須川教授は立ち会っていたのである。

判決は須川鑑定を「信用できない」とした。

東京地方裁判所（大島隆明裁判長）は、2004年2月23日にTに対して無罪判決を言い渡した（求刑・懲役13年）。検察官は控訴せず、判決は確定した。後日、担当していた陪席裁判官の話を風のうわさで聞いた。

「最初はあの鑑定を信じていた」

「あの鑑定は本当にひどい。でも最初はあの鑑定を信じていた」

須川教授は、当時火災鑑定の第一人者と目されており、警察からの鑑定委嘱を一手に引き受けていた。いきなり自白にもとづいた再現に立ち会ったことや日頃の警察との関係などが、判断を歪ませる原因となったのだろうか。それにしても須川第二鑑定は、同第一鑑定にもましてひどかった。

しかし、法廷で警察官がたまたま「火災実験は2回行いました」と証言しなければ、検察官は2回目の火災実験を隠し続け、第二鑑定の致命的なひどさは明るみに出なかったであろう。

この事件では、消防研究所も実験室を貸してくれ、良心的な研究者にも出会うことができ、火災実験をふくめて弁護側鑑定を行うことができた。私は運がよかったと思う。

日本では公的な法科学の研究、鑑定機関は、科捜研や科警研しかなく、捜査側が独占している。法科学の中立的、第三者的な公的な研究、鑑定機関がない。貧しく支援者もない被告人は、弁護の視点から科学鑑定を受ける機会を奪われている。被告人、弁護人も利用可能な第三者機関が求められる。

第5章　情況証拠

間接事実

情況証拠（Circumstantial Evidence）とは、間接証拠とも呼ばれる。間接証拠により証明されるのが間接事実である。

例えば「私はAさんを殺しました」といった自白だとか、「私が見た犯人は、まさにこの被告人です」といった目撃証言などは、直接、犯罪と被告人との結びつきを証明しようとするものであるから、直接証拠と呼ばれる。

しかし、例えば「被告人を、犯行時刻ころ、犯行現場近くで見た」といった目撃証言などは、それだけで犯罪と被告人の結びつきを証明するものではない。現場付近の防犯カメラの映像に被告人らしき人物が映っていたことなども同じである。

その他に、被告人の着衣に血痕が付着しており、そのDNA型が被害者のそれと一致した、という鑑定結果なども、殺人の直接証拠ではない。別の機会に血痕が付着した可能性もただちに否定はできないからである。被告人がふだん被害者を憎んでおり、その感情を周囲に漏らしていたといったことも、殺害の動機を示唆しうるが、もちろんそれだけで直接、被告人が殺人を犯したことを証明しうるものではない。

間接事実は、それらを総合して評価することが必要である。ある間接事実は、その下位にある間接事実から推認されるという重層的な構造を取っていることがよくあり、それらを第一次間接事実、第二次間接事実などという。

よく新聞やテレビで、「間接事実の積み上げ」などと報道されるのは、こうした重層構造を含めた間接事実の総合的な評価のことを指している。

言うまでもなく、刑事裁判の立証責任は検察官にあり、検察官が、被告人が犯人であることを合理的な疑いを超えて証明できれば有罪となり、それができなければ被告人は無罪である。情況証拠をいくら積み上げても、反対事実の存在の可能性をゆるさないほどの確実性をもった証明に達しなければ、被告人を有罪としてはならない。

間接事実は確実に証明されているか

情況証拠を着実に積み上げて行くことは、長時間の取調べをして虚偽の自白調書を大量につくるよりも、はるかに賢い捜査のやり方である。

しかし情況証拠について、私たちが注意しなければならないことがいくつかある。まず、ひとつひとつの間接事実が、それ自体、確実に証明されているのか、という問題である。

例えば、滋賀県の日野町《ひのちょう》事件という冤罪事例がある。

このケースは、被告人が「ホームラン酒店」の女主人を殺し、金庫を奪ったとして19

92年に起訴された強盗殺人事件であるが、直接証拠たる自白調書には疑問点が多く、一審判決は、自白調書は信用できないとした。

しかし、店舗内にあった円鏡《まるかがみ》に被告人の指紋が付着しており、円鏡が店舗内のタンス引出にしまってあったことから、一審判決は「被告人は店舗内を物色した」という間接事実を認定した。

ところが、被告人は同店の「壺入り客」であり、ほとんど毎日のように立ち飲みをしていた。そのおり、円鏡を貸してもらって髪を整えることがあった。したがって、円鏡に被告人の指紋が付着しており、円鏡は店舗内タンスの引出にしまっていたという情況証拠だけから、「被告人は店舗内を物色した」という間接事実が確実に証明されたとは、とても言い難い。

同判決は、同夜、現場付近で被告人らしき人物を見かけたとの証言などにもとづいて、「店舗内の物色」が事件当夜のことだとした。

もし、「被告人は事件当夜に店舗内を物色した」という間接事実が認められると、そこからは被告人が強盗殺人の犯人であるという推認力がきわめて強く働く。必ずしも確実には証明されていないのに、推認力が強い間接事実を認定し、総合判断に加えていくことは、すぐに誤判につながるだろう。それは論理的に、「合理的な疑いを超えた証明」がなければ有罪としてはならないとの刑事裁判の鉄則を破ることとなるからだ。

くり返すと、個々の間接事実は確実に証明されていなければ、それらを「総合評価」に参加させてはならない。

間接事実の推認力はどれほどか

次に、ひとつひとつの間接事実の推認力には、それぞれ限界がある。事件後の被告人の言動などが問題となることがある。たとえば電車内で痴漢だとして女子高生に手をつかまれた男性が駅ホームで逃走を試みたとする。これは「被告人の有罪意識」を推認させる間接事実である。しかし、あるテレビ番組の法律相談で、弁護士が、痴漢に間違えられたときは「逃げなさい」と半ば本気でアドバイスしていた。被告人は番組を視聴したかも知れず、過大評価は避けなければならない。

それぞれの間接事実が確実に証明されているか、その推認力はどの程度か、この2段階を各々慎重に判断しなければならない。

それでは、全部の間接事実を「総合評価」するときに注意すべきことはどんなことだろうか。

参考になるケースとして、最高裁が一、二審の有罪判決を破棄し、大阪地裁に差し戻した「大阪母子殺害放火事件」がある。最高裁判事の意見が4対1に分かれ、それぞれが補足意見や反対意見を書いている事件である。

〈ケース13〉大阪母子殺害放火事件——情況証拠だけの事件

（最高裁2010年4月27日判決、2012年3月15日、大阪地裁差し戻し審で無罪判決）

疑われた夫

この事件は、2002年4月14日午後3時30分以降に発生した。大阪市平野区内の4階建てのマンション「シャトー長沢」（仮称）の306号室のA宅で、Aの妻B（28歳）がナイロン製の紐で絞殺され、長男C（1歳）が浴槽内に体を沈められて溺死させられた。そして同日午後9時40分ごろ、同マンション306号室が放火され、壁、天井などが焼損した。

警察は、Aが多重債務者であり、妻のBが債権者をおそれ、見知らぬ第三者をマンション室内に招じ入れる可能性が低いこと、2歳にもならないCが殺害されていることが、口封じの可能性が高いこと、犯人が現場を放火し、徹底した証拠隠滅工作をしていることなどから、近親者の犯行と考えた。

そこで当初、女性関係の多いAが疑われた。

しかしAは当日、不倫関係にあった女性と一緒に過ごしており、防犯カメラ映像に2人の様子が撮影されていたことからアリバイが成立し、早い段階で捜査対象から外れた。

被告人は、Aが子どものころにその実母であるDと結婚し、Aとは養子縁組をしていた。A家族は、一時被告人方に同居していたが、Aが借金を重ね、被告人が保証人となり、その対応に追われるようになったことなどから関係が良好でなくなり、同年2月にA家族は「シャトー長沢」に引っ越し、その引っ越し先を被告人に知らせなかった。

その後被告人は起訴されたが、当日は306号室にはもちろん、同マンション自体に赴いたことがないとして否認した。

間接事実同士の相互補強

一審の大阪地方裁判所(角田正紀裁判長)は、以下にあげるように、間接事実が、相互に補強し合い、被告人が本件犯行を犯したことが合理的な疑いを容れない程度に証明されたとして、被告人に無期懲役の判決を言い渡した。

1　被告人が、事件当日、「シャトー長沢」に赴いたことが、以下の情況証拠から推認される。

a　被告人自身、当日仕事が休みであり、事件当日自動車（白色ホンダストリーム）に乗車して大阪市平野区内のA方を探していたと供述している。

b　「シャトー長沢」の1階から2階に至る階段踊り場に缶製の灰皿があり、そこに72本の吸い殻があったが、そのなかに被告人の好む銘柄のラークスーパーライトの吸い殻1本があり、付着した唾液に含まれる細胞をDNA鑑定したところ、被告人の血液のDNA型と一致し、その出現頻度は1000万分の2とされた。

c　「シャトー長沢」から約100メートル離れた地点に、当日午後3時40分ごろから午後8時ごろまでの間、被告人車両と同種・同色の車（白色ホンダストリーム）が駐車されていたのを目撃した人が3名いた。

d　近所の「ヒラノバッティングドーム」で、女性が乳母車を押しながら歩いていたときに進行方向に男性がいたので「すみません」と言いながら、その男性を見上げたところ、その男性が被告人によく似ていた。後に夫に、「邪魔やったから、すみませんと言って通ったけど、がっと見られた感じがした」と話した。

2　次に動機面であるが、被告人は事件当時、被告人を裏切る行動を取り続けたAに対し怒りを募らせる一方、Bに対して恋慕の感情を抱いていた。しかしBは被告人の誘いを拒み、Aに追随する行動を取っていたので、同様にBに対して怒りの感情を抱くようになったと推認できる。

したがって、Bとの間のやり取りや、Bのささいな言動などに対して、怒りを爆発させてもおかしくない状況にあったと言える。

3　被告人は、朝から仕事に出ていた妻のDを迎えに行く約束をしていたが、携帯電話のメールで「迎えに行けなくなった」と送信した後、携帯電話の電源を切っていた。B、Cの死亡推定時間帯には、被告人の携帯の電源は切れたままだった。そして出火の約20分後、電源を入れて妻のDに対して電話連絡をしている。

4　被告人の当日の行動についての供述は、あいまいで漠然としている。そしてBは生前、在宅時も施錠し、限られた人間にしかドアを開けようとしなかったし、犯人が2歳にもならないCを殺害しているのは口封じと考えられ、犯人は身近な人間と考えられる。

以上を全体的に考察すると、被告人が犯人であると合理的な疑いを超えて証明されたと言える。なお、捜査段階において、被告人が「シャトー長沢」の階段を上ったことを認める供述調書が作成されているが、これによってもこの判断はさらに補強される。

これに対して被告人は無罪だとして事実誤認を理由に控訴し、検察官も死刑が相当であるとして量刑不当を理由に控訴をした。

被告人は「本件マンションの階段を上った」との調書が作成された日の取調べにおいて暴行を受けたと主張していた。被告人が10日間の加療を要する顔面・両側上腕・右季肋部《きろくぶ》打撲、頸部・腰部打撲捻挫の傷害を負ったとの診断書が取調べの翌日に作成されている。

警察官らは、取調べの翌朝に被告人宅を訪ねたところ、被告人が睡眠薬を大量に服用し自殺をはかっており、その際、被告人に対して心臓マッサージや人工呼吸などの救命行為をしたが、その際に被告人は受傷したのだと主張した。

二審の大阪高等裁判所（島敏男裁判長）は、捜査段階で作成された被告人の「シャトー長沢の階段を上った」ことを認めた供述調書の任意性を否定し、証拠から排除した。しかし、それ以外は一審判決と同じであり、検察官の量刑不当の控訴理由を認めて被告人に対して死刑の判決を言い渡した。

吸い殻のＤＮＡ鑑定への疑問

これらの情況証拠のうち、もっとも証明力が高いものと考えられたのは、吸い殻のＤＮＡ鑑定結果であった。

Ｂは、被告人と同居していたときに被告人の携帯用の灰皿を共用しており、被告人宅から持参された３つの携帯用の灰皿がＡ宅から見つかっていた。弁護人は、Ｂが、そこに残っていた被告人の吸い殻を、シャトー長沢の階段の缶製の灰皿に捨てた可能性があると主張していた。現に、事件直後に缶製の灰皿を上から撮影した写真には、「ラークスーパーライト」の銘柄の吸い殻は写っていなかった。また、その吸い殻は、吸い口部分が全体にかなり濃い茶色に変色しており、水分を吸収していた。したがって事件当日に被告人が階段踊り場で「ラークスーパーライト」を吸って捨てたとは考えにくかった。

一、二審判決は「携帯用の灰皿の吸い殻は、通常自宅のごみ箱に捨てると考えられる」「吸い口が茶色く変色したのは唾液によるものと考えられる」などとして、携帯用灰皿から捨てられたものである可能性を否定していた。

「当日同種、同色の車が約１００メートル先に駐車されていた」との第一次間接事実は、３名の目撃証言によるものであるが、「白色のホンダストリームを近所で見かけなかったか」と警察官らがローラー作戦で聞いて回り、3名とも事件から約1ヵ月後に、それに呼応して発見されたのである。

1ヵ月前に、特別の注意を払わずに通り過ぎた際に見かけた車のことなど、はたして記憶に残っているのだろうか。そんなものをいちいち記憶していたら、私たちの日常生活は記憶することだらけで、あふれ返ってしまう。1週間前の朝食に何を食べたかすら、思い出せないのである。私たちは無数に入ってくる刺激から、そのときどきの関心に沿ったものだけを取捨選択しているのである（これを「知覚・記憶の選択性」という）。第一次間接事実は確実に証明されたとは言えない。

また、「100メートル先で被告人のものと同種、同色の車が駐車されていた」という第一次間接事実が仮に確証されたとしても、「被告人が当日シャトー長沢に赴いた」という第二次間接事実に対する推認力は、かなり微弱である。いうまでもなく同種、同色の車など、数えきれないほどあるからだ。

その他の間接事実が確証されているか、その推認力についても、それぞれ疑問がある。バッテリーを節約するために、携帯電話の電源を切ることなどいくらでもあり、一、二審判決はこうしたことを誇大に評価したのではないか。

最高裁判決が示した「総合評価」のあり方

最高裁は、弁護人の主張を容れて「被告人が本件マンションに立ち入ったこと」が間接事実として証明されていないとした。しかしそれだけでなく、総合評価のあり方などについて、次のようなすばらしい説示を残した。

「情況証拠によって認められる間接事実中に、被告人が犯人でないとしたならば合理的に説明することができない（あるいは、少なくとも説明が極めて困難である）事実関係が含まれていることを要するというべきである」

これを敷衍《ふえん》した藤田宙靖裁判官（行政法学者出身）の補足意見を少々長くなるが引用しよう。

第一審判決及び原判決は、上記の各間接事実について、その一つ一つについては、それだけで被告人有罪の根拠とすることはできないものの、これらを「総合評価」すれば合理的疑いを容れる余地なく被告人有罪が立証されているとする。……ただ、本件における各間接事実は、その一つ一つを取って見るかぎり、……さほど強力な根拠として評価し得るものではなく、たばこの吸い殻のDNA型を除いては、むしろ有罪の根拠としては薄弱なものであるとすら言えるのではないかと思われる。本件において認定されている各事実は、……いずれも、被告人が犯人である可能性があることを示すものであって、仮に被告人が犯人であると想定すれば、その多くが矛盾無く説明されるという関係にあることは否定できない。しかし一般に、一定の原因事実を想定すれば様々の事実が矛盾無く説明できるという理由のみによりその原因事実が存在したと断定することが、極めて危険であるということは、改めて指摘するまでもないところであって、そこで得られるのは、本来、その原因事実の存在が仮説として成立し得るというだけのことに過ぎない。「仮説」を「真実」というためには、本来、それ以外の説明はできないことが明らかにされなければならないのであって……これを本件について見るならば、被告人を犯人と断定するためには、「被告人が犯人であることを前提とすれば矛盾無く説明できる事実関係」に加えて更に、「被告人が犯人でないとしたならば合理的に説明できない（あるいは、少なくとも説明が極めて困難である）事実関係」の存在が立証されることが不可欠であるというべきである。

間接証拠Ⓐ→Ⓑ→Ⓒ→Ⓓの順次推認

なお、近藤崇晴裁判官（民事裁判官出身）の補足意見も間接事実の順次推認についてわかりやすく述べているので紹介しておこう。

……本件犯行が被告人によるものであることが証明されているというためには、Ⓐ上記吸い殻が本件事件当日に被告人の投棄したものであることに加え、Ⓑ被告人が本件マンションの306号室を訪れたこと、Ⓒ被告人が306号室の室内に入ったこと、Ⓓ被告人がBとCを殺害したうえで放火したこと、以上の事実が証明されなければならない。そしてⒷⒸⒹの事実を証明するに足りる直接証拠はなく、Ⓐ→Ⓑ→Ⓒ→Ⓓが順次推認されなければ、Ⓓの事実が証明されたとは言えない関係にあるが、Ⓐ→Ⓑ→Ⓒの順次の推認は、その蓋然性が高いとまではいうことができても、推認する（認定する）ことができるとするには、なお疑問が残る。…そしてさらに、仮にⒸの事実……が推認された（認定された）としても、これによってⒹの事実があったと推認する（認定する）こともたやすいことではない。

こうして、堀籠幸男裁判官（刑事裁判官出身）1名の反対意見があったものの、一、二審判決は破棄されて大阪地裁に差し戻された。差し戻し審において、残り71本の吸い殻のDNA鑑定（とくにBやDの吸っていた銘柄のものについて、B、DのDNA型と一致するかどうか）が行われようとしたが、大阪府警は、この71本について「誤って廃棄した」と公表した（2

011年5月17日各紙朝刊)。

2012年3月15日、大阪地裁は、被告人に無罪判決を言い渡した。

第2部　裁判員制度で冤罪を減らせるか

第6章　日本の刑事裁判の特色

有罪率99・9パーセント

前章で引用した、大阪母子殺害放火事件の最高裁判決の藤田宙靖裁判官の補足意見に見られるように、刑事裁判では、無辜《むこ》の不処罰がもっとも大切であり、そのために「疑わしきは被告人の利益に」との「刑事裁判の鉄則」をつらぬくことが重要である。同事件の一、二審判決は、職業裁判官が「疑わしきは被告人の利益に」の原則に本当に忠実に判断をしているのだろうか、との疑問を投げかけている。

職業裁判官にとって、被告人に判決を言い渡すことは日常のことであり、週のうち2日ぐらいは、判決を言い渡している。そのほとんどは有罪判決であり、最高裁が毎年発表する司法統計年表によれば、全起訴人員のうち、有罪判決を言い渡される被告人は約99・9パーセントである（公判で起訴内容を認めている人も含んだ数字）。無罪は1000人に1人だ。

この数字をもとに単純計算してみよう。刑事部に配属される職業裁判官が非常に忙しいと仮定して、合議事件、単独事件あわせて年に200件判決を言い渡すとする。平均すれば5年に1件しか無罪判決を出していないことになる（裁判官によって大きく異なる。定年近くになり無罪判決を一度も出したことがないと噂される裁判官もいれば、年に1度ぐらい無罪判決を出す裁判官もいる）。

「有罪への流れ作業」

総じて言えば、職業裁判官は「有罪への流れ作業」に慣れ親しんでおり、検察官の起訴内容を、検察官が請求した証拠により、そのまま認定するのが彼らの日常となっている。そのうち、被告人の弁解に真摯に耳を傾けようとする姿勢にだんだんと欠けてきて、最初から「どうも胡散くさいな」と思うようになってしまうのではあるまいか（自戒をして、そうならない裁判官もいる）。

職業裁判官は、法律の専門家であるが、必ずしも事実認定の専門家ではない。事実認定には、素人も玄人もないと言われる。職業裁判官の事実認定は「真犯人を取り逃してはならない」「被告人に騙されてたまるか」などの秩序維持志向的な思いから、ある種の偏向が生じる可能性がある。

判事補（裁判官に任官して10年未満の者）に対する研修で、ある高名な刑事裁判官は、「ひとりの無辜も処罰してはならないが、ひとりの犯罪者も見逃してはならない」と訓示したという。「たとえ10人の犯人を逃すとも、1人の無辜を処罰するなかれ」というのが法格言であり、「疑わしきは被告人の利益に」の原則と同義である。この刑事裁判官の訓示を守っていれば、必然的に誤判に至るであろう。

それよりは、たまたま選挙人名簿からくじで選ばれて、一生でたった一度、裁判にたずさわる一般市民の方が「合理的な疑いを超えた証明」が行われたか否かをより慎重に判断するのではなかろうか。

陪審制度か参審制度かを問わず、世界では一般市民の司法参加を制度化している国が大多数であるが、その理由のひとつとして「合理的な疑いを超えた証明」を慎重に判断しうることがあげられる。また職業裁判官の多くは、検察官、警察官など捜査官への親近感を持っているため、彼らを信用しやすいが、一般市民は必ずしもそうではない。したがって、職業裁判官だけの裁判よりは、市民参加型の裁判の方が、冤罪・誤判が減るのではないかと考えられる。

しかし、捜査、公判を通じた日本の刑事司法システムのもとで構造的に生まれてくる冤罪を考えるとき、その構造に裁判員制度をはめ込んだ場合、その全体のあり方は、はたして冤罪を救済するためにふさわしい姿をしているであろうか。

第2部では、第6章で、これまでの日本の刑事裁判の特色をふりかえり、冤罪の構造の一部を示したい。第7章で、裁判員制度の導入により、この特色ははたして変わりつつあるのか、さらに裁判員制度の制度設計や実務設計には冤罪・誤判の防止のうえで危険の芽がないのか、検討をしたい。そのうえで、第8章で、裁判員裁判の無罪、一部無罪の判決を検討し、裁判官裁判の判決と比べて、冤罪・誤判の防止のうえで、そこに特色が見出せるかを検討したい。そして第9章では、冤罪・誤判防止のために、裁判員制度を含めた刑事訴訟のあり方の変革を提言したい。

再審無罪、再審開始決定、最高裁の一、二審有罪破棄が増えている

ここ3年ほどで（2009年ごろから）、死刑、無期懲役などの大事件のいくつかが再審無罪となり、また再審開始決定が出ている。

これらは一審、二審、上告審では救済されず、有罪判決が確定していた事件である。再審無罪となった足利事件（1990年発生、無期懲役）、布川事件（1967年発生、無期懲役）、再審開始決定が出た福井女子中学生殺人事件（1986年発生、懲役7年）などである。

これらに加え、名張毒ぶどう酒事件（1961年発生、死刑）、袴田事件（1966年発生、死刑）、東京電力OL殺害事件（1997年発生、無期懲役）なども、再現された毒物の成分の化学的な分析や、遺留された生体由来物のDNA鑑定など、科学鑑定をおもな無罪の主張の根拠としており、遠からず再審開始決定に至る可能性が高いと考えられる。

また、ここ3年ほどの最高裁判決の傾向は明らかに変化している。2009年は防衛医大教授の痴漢冤罪事件（4月14日）、福岡のゴルフ場支配人殺害事件（9月25日）、2010年は大阪母子殺害放火事件（4月27日）、2011年は千葉中央の強姦事件（7月25日）など

で、一、二審の有罪判決が破棄され、無罪とされるか、もしくは差し戻しとされた。この動きは学者などから「事実認定適正化の第二の波」などと呼ばれている。

これらの動きは、裁判員制度の実施や、そのことによる国民の刑事裁判に対する関心の高まりと連動していないだろうか。

冤罪の「暗数」

労災事故についてのハインリッヒの法則では、1つの大事故の背後には29の中小の事故があり、300の危険があるといわれる。これらの再審無罪事件などは氷山の一角と見た方がよい。私はこの20年間、よく中小の冤罪事例を担当してきた。

例えば、懲役刑を宣告されても、執行猶予が付いたり、刑期が短かったりすると、多くの被告人は、冤罪を叫びながらも司法に絶望してたたかうのをあきらめる。その苦しみを誰にも理解されないまま社会の片隅でひっそりと過ごす。そのため再審で無罪になったりすることはない。

つまり、最終的に救済されない冤罪・誤判の「暗数」が存在する。その数はもちろん誰にもわからないが、私はかなり多いのではないか、と思っている。日本では毎年約7万人が起訴され、数十名ぐらいの人々に無罪判決が言い渡されている。しかし、無実であるにもかかわらず有罪判決を言い渡されている人々の数は、それをかなり上回るのではなかろうか。

日本の刑事裁判における有罪率がこれほど高い理由として、日本では検察官が「有罪が確実に見込まれる」事件にしぼって起訴することがあげられる。それでも、司法統計年表にもとづき戦後の日本の刑事裁判の有罪率の変化を見ると、１９５０年、51年ごろの有罪率は98・３パーセントであった。１９５５年から１９７５年になると、有罪率は99・４パーセントから99・６パーセントとなった。１９８０年から１９９１年になると、有罪率は99・８パーセントから99・９パーセントとなった。さらに１９９８年から２０００年には、有罪率は99・９３パーセントないし99・９５パーセントとなった。２００５年は99・９２パーセントだ。

戦後、「有罪が確実に見込まれる」事件だけを起訴するという検察の起訴基準が変わったわけではない。この有罪率の変化は、冤罪・誤判の「暗数」がそれだけ増大していることを示唆していないだろうか。

１９８５年、刑事法学の泰斗《たいと》である平野龍一博士は、「現行刑事訴訟の診断」と題する論文で「わが国の刑事裁判は、かなり絶望的である」と述べた。日本では欧米と異なり、刑事裁判所は「有罪か無罪かを判断するところ」ではなく、「有罪であることを確認するところ」になっているという。その後二十年余、刑事裁判の日本的な特色は変わることなく、むしろその特色を色濃くして来た。裁判員制度の導入をはじめとする、２００９年からここ3年ほどの変化で、日本の刑事裁判ははたして変わりつつあるのだろうか。

調書裁判

日本の刑事裁判の特色として、「調書裁判」ということがよく言われる。捜査において、代用監獄で23日間、あるいはそれ以上被疑者の身柄を拘束し、連日長時間にわたる取調べを行う。そして事件によっては、自白調書が何十通も作成される。

ここまで述べてきたように、それらはときに、虚偽自白であり、被疑者が「私がやりました」と言っても「どうやったのか」と説明を求められて、事件について知らないために答えられず、最初は短い供述調書しか作成できない。「詳しいことはよく思い出して後日申し上げます」などと記載される。

そして、ひとこまひとこまについて問われ、それに対する答えが「正解」に達するまで許されない取調べが始まる。現場に残された痕跡などと大きくは矛盾せず、それなりに詳細な自白調書を完成させるために23日間が必要なのである。

公判において被告人が否認しても、捜査段階において作成された自白調書の「任意性」

「信用性」をめぐって公判が積み重ねられる。裁判の長期化が指摘されるが、その多くの原因はここにある。

捜査段階の自白の「任意性」をめぐっては、被告人と取調べに当たった警察官、検察官の証人尋問が行われる。取調室は密室なので真相はわかりにくい。しかし多くの刑事裁判では、捜査官の証言の方が信頼され、自白調書は証拠として採用される。その後の公判における争点の中心は、捜査段階における自白調書の信用性であり、ここに大部分の時間がついやされる。

捜査段階では、目撃者など参考人の取調べも多数回、長時間にわたって行われる。例えば2011年11月に再審開始決定が出された福井の女子中学生殺人事件では、次のような関係者多数の供述調書が作成された。

「被告人を同乗させて車を運転していたが、被告人が女子中学生の住む団地の前で降ろしてくれと言い、しばらくすると、被告人が血だらけで戻ってきた」

「被告人が車の助手席に乗ってゲーム喫茶まで来たが、服が血だらけで、『女の子を殺してしまった』としゃべっていた」

「被告人を自分の家まで連れて行ったが、血だらけで、その血だらけの服を洗濯した」

最初に被告人が犯人だと述べたのは、「被告人が車の助手席に乗ってゲーム喫茶まで来たが、服が血だらけで、『女の子を殺してしまった』としゃべっていた」と供述した暴力団員Aだった。Aは、覚せい剤取締法違反などの罪で身柄拘束中であり「女子中学生殺しの犯人について心当たりはないか」などと手紙で知人に情報提供を求め、捜査官にその見返りとして軽い処分を求めていた。Aは「密告者」（第1部第3章〈ケース7〉）とてもよく似ている。

Aは当初、被告人を同乗させていた運転者はBだと供述していた。しかしBはそれを否定し、犯人隠避《いんぴ》罪で逮捕されても否定し続けた。ところが関係者の白色スカイラインジャパン2000のダッシュボードに被害者と同じO型の血液型の血痕が発見されたことから、捜査当局はそれを犯行車両として特定した。すると、Aの供述は被告人を同乗させていた運転者はそのスカイラインを使っていたCだと変更された。Cに対する参考人取調べは、暴力団員Aを立会わせるなどして、10回以上にも及んだ。その結果、被告人を助手席に乗せていたのはCだとするAの供述調書に沿うCの供述調書が作成されるに至った。しかし後により詳細な血液型検査の結果、ABO型の検査では被害者と同型とされたダッシュボードの血痕は、被害者のものとは一致しないことが明らかとなった。こうしてAやCの供述は客観的な証拠による裏付けをなくした。

公判では、関係者の一部が、捜査段階の供述をひるがえした。一審判決は、関係者らの供述は信用できないとして無罪としたが、二審判決はAの供述を中心として有罪とし、上告も棄却された。

この事件では、捜査段階で作成された関係者の供述調書、とくに検察官面前調書の「特信性」が認められるか、あるいはその信用性をめぐって、長期間にわたり公判が行われた。

このように被告人が起訴内容を争っている事件でも、争点の中心は、捜査段階に作成された参考人の供述調書の信用性なのである。

被告人が公判で起訴内容を認める多くの事件では、弁護人も、検察官が請求した供述調書に「同意」（証拠能力を認めること）するために、法廷で供述調書の厚みのある綴りが検察官から裁判官に渡される。法廷は、「心証形成の場」ではなく「供述調書の受け渡しの場」に過ぎないなどと言われる。裁判官室で、あるいは官舎で、後にその供述調書を読んで、心証を形成するというわけだ。

こうして日本の刑事裁判の特色は、法廷での証言というよりは、捜査段階の供述調書が中心となって裁判が行われるという意味で「調書裁判」と言われているのである。

江戸時代、お白洲裁判では、吟味役人が罪人をときには拷問を用いて取調べ、現在の自白調書にあたる「吟味《ぎんみ》詰《づ》まり之《の》口書《くちがき》」を作成し、署名・押印（印がない場合は「爪印」、武士は「花押」）させた。そしてお白洲では「吟味詰まり之口書」が奉行の前で確認される。「吟味詰まり之口書」に署名・押印すれば、その罪人の運命は大体決まったという。「調書裁判」は、まるで古層にあるお白洲裁判の影を映し出しているかのようだ。

人質司法

日本の刑事裁判の特色をあらわす言葉として「人質司法」というものがある。無罪率がどんどん減少していることを見たが、保釈率も下がっている。1949年から53年までの保釈率は58パーセントないし45パーセントであった。それが逓減し、1996年から2000年までになると、18パーセントないし14パーセントに減少した。

とくに被告人が起訴内容を否認していると「罪証隠滅のおそれ」があるとして多くは保釈が許可されない。そして「接見禁止処分」をされて、弁護人以外とは、家族とすら面会できない。

ところが、自白をすると保釈が認められやすい。第1部第1章〈ケース3〉で見た志布志事件では、公判廷で被告人が自白をしたか、否認をしたかで保釈が許可されるか否かがはっきりと分かれた。

公判廷で否認をすると、保釈が許可されないまま公判が長期化する。弁護人が、被告人のために熱心に弁護活動を行えば行うほど、裁判は長期化し、勾留日数は長引く。その結果、弁護人は、被告人のために何か弁護活動をするたび、「また未決勾留が延びるな」と思わざるを得ない。「まるで被告人を人質にとられているようだ」という気持ちとなる。

裁判官が保釈を許可するか否かにあたっては、検察官の意見を聴かなければならない。否認していれば検察官は必ず「不相当」の意見を出すし、裁判官はほとんどの場合、検察官の意見に従う。

否認すれば10日間の勾留決定

捜査段階の状況を考えてみよう。例えば痴漢事件で逮捕された場合、検察官は、「自白をすれば、すぐにでも釈放し、略式裁判で罰金とする。否認をすれば10日間の勾留請求をする。勾留はもう10日間延長請求する。否認を続ければ、起訴をする」という運用を行う。そして検察官が勾留請求をすれば、裁判官は、ほぼ勾留決定をする。

勾留請求却下率は、2005年の司法統計年表で見ると、地方裁判所で0・75パーセント、簡易裁判所で0・15パーセントに過ぎない。10日間、あるいはそれ以上勾留されれ、会社を欠勤することはむずかしい。家族への説明もむずかしい。

「否認すれば、10日間の勾留決定をする」ということ自体が、精神的な拷問となっており、嘘でも自白をさせる力を持つ。最近では有罪率99・9パーセントの現状を知り、「起訴されて裁判になってはまず助からない。少しでも処分を軽く済ませよう」などと考えて、やっていないにもかかわらず、被害弁償、示談をして略式罰金などで済まそうとする被疑者も増えてきて、弁護人も依頼されたとおりにしていることがある。

こうした捜査、公判をつうじた「否認をすれば身柄拘束されるが、自白をすれば釈放される」という運用全体を指して「人質司法」ということができる。

裁判官の人事制度

日本の刑事裁判の特色は、職業裁判官だけで裁判をしてきたことである。裁判官の人事処遇制度のあり方は、刑事裁判の状況に影響していないだろうか。

端的に言うと、人権感覚が強く、検察官の令状請求を却下したり、無罪判決を多数出したりする裁判官が人事上冷遇されるようなことはないのか。裁判官の任地、職位、給与など、人事処遇を決めているのは、最高裁事務総局の人事局である。

かつて、1960年代終わりから憲法擁護を目的とする法律家団体である青年法律家協会に所属している裁判官に対して、同協会を脱退するように、最高裁事務総局が、部総括判事や、所長代行などを通じて慫慂《しょうよう》したことがある。青年法律家協会の裁判官たちが行っていたのは、令状実務や刑事事実認定などについての研究会であり、機関誌を発行し人権感覚にあふれる発表を行ったりした。

多数の裁判官が青年法律家協会に対し内容証明郵便で脱退届を提出した。そして、1971年、同協会の中心的な判事補に対して最高裁事務総局は、再任を拒否した（裁判官の任期は10年であり、10年ごとに再任される）。

同協会を脱退しない裁判官に対しては、人事上の差別が行われた。すなわち、任地として都心から遠い地方の、しかも支部勤務を命ずる。そして裁判長をやらせない、刑事裁判をやりたがっている裁判官を刑事部から配属換えを行い、家事部の勤務を命ずる、などである。ある裁判官は詠んだ。

「渋々と支部から支部へ支部めぐり　四分の虫にも五分の魂」

給与面でも差別が行われた。裁判官の給与は、判事について八号から一号、判事補について一二号から一号に細かく分かれている。同期の裁判官と比べて、昇給が遅らされると、心が傷つく。

他方で、青年法律家協会に対して脱退の内容証明郵便を送った若い判事補たちは、最高裁の局付判事補（最高裁事務総局に属し、総務局、経理局、人事局などの官房系事務局と、民事局、行政局、刑事局、家庭局などの事件局があり、任官後数年以内にこれらの局付の判事補になることは、裁判官の人事処遇上のエリートコースである）にすでに任用されていたり、脱退後、任用されたりした。その後、最高裁判事や各高裁長官になるなど、栄達をした者が多い。

司法修習生の裁判官への任官拒否事件も毎年のように起きた。裁判官志望の司法修習生が青年法律家協会に所属していると、最高裁事務総局は、その修習生の裁判官任官を拒否する。同協会に所属していない司法修習生であっても、修習期間中に人権課題の研究会を開いたりする者は「任官拒否」に遭い続けている。こうして、青年法律家協会の裁判官部会は、１９８４年解散に至った。

いわゆる「青法協攻撃」が裁判官たちを萎縮させ、自由闊達な雰囲気を失わせたことはつとに指摘される。

特定の団体への所属の有無により、人事処遇上の差別が行われたことは明らかであるが、団体に所属していなくても、その裁判傾向により、人事処遇上の差別が行われる。人権感覚あふれる切れ者の刑事裁判官として誰にも認められ、一目置かれているような裁判官たちが、その優秀さのわりには、人事処遇上、相当とは言い難い扱いを受けている例をよく見かける。

例えば、１９８０年代には、最高裁判所が、鹿児島ホステス事件、鹿児島夫婦殺し事件、新潟ひき逃げ事件、板橋強制わいせつ事件などで、一、二審判決を破棄して無罪判決を出し、学者などから「事実認定適正化の波」と言われたことがあった。そのとき最高裁調査官が大きな役割をはたしたと言われる。そのころの最高裁調査官の少なくない人々は、人権感覚が強く、無罪方向の調査官報告書をあげて、最高裁裁判官の中でリベラルな傾向を持つ裁判官を説得して無罪判決に至った。しかし、実務畑のエリートコースである最高裁調査官を経た彼らのその後の処遇は、必ずしもめぐまれていない。

事件処理数で評価される

裁判官の人事処遇上考慮される要素として、事件処理数がある。被告人が起訴内容を認める事件の多くは、１回だけ公判を開いて、後は判決だけというのが通常である。

ところが被告人が起訴内容を否認する事件では公判回数が多くなり、とくに無罪判決に至る場合には、私の経験では10回以上は公判を重ねるのが通常であり、１回あたりの審理時間も長い。午前10時から午後５時まで一日中審理を行い、それを三十数回重ねたこともある。思えば、裁判官には「迷惑」だったであろう。

しかも、無罪の判決書は、非常に詳細かつ緻密に書かれることがふつうであり、それに多くの時間を割かなければならない。なぜならば、説得力のある判決文を書かないと検察官に控訴されて控訴審で破棄され、せっかくの無辜の救済が台無しになり、みずからも冷遇されるからである。したがって、事件処理数を順調にのばそうとすると、無罪判決が多いことは、明らかに負担となる。裁判官にとって、無罪判決を出すということは実に大変なことなのだ。

大体、裁判官のなかで一番のエリートコースと言われるのは、最高裁事務総局の各局の局付判事補となり、それも事件局ではなく、総務、経理、人事などの官房系の事務局に配属され、その後各局の課長などになり、その後も各局の局長だとか、事務総長などを経験することである。そうしたコースを歩んだ裁判官達は、そのほとんどが最高裁入りをしている。

裁判官のなかで「出世」をするのはそうした司法行政を担う「裁判をしない裁判官達」である。彼らは、本来事務局が担うべき司法行政の仕事を、判事が担っているという意味で、「あて判」と言われる。

最高裁事務総局という「あて判」が人事を取り仕切り、彼ら自身がいちばん「出世」して行くような人事処遇制度は、組織のあり方として病理的である。

判検一体

裁判所で一日を傍聴して過ごすと、そこには多くの人には退屈と感じられる光景がくり返される。被告人が起訴状の内容を認めている事件では、供述調書の束が検察官から裁判官へと受け渡され、あとは被告人質問と、情状証人がいればその尋問が行われるだけだ。大体短く済むので、次から次へとあたらしい被告人がやってくる。

しかし、裁判官と検察官はずっと同じ人がやっており、弁護人だけが毎回代わる。例えば東京地裁だと、刑事部が21部あるが、部ごとに、部総括判事とそれ以外の判事、判事補がいる。東京地方検察庁の公判部にも、東京地方裁判所の各部に対応する部があり、各裁判官に対する担当検察官も決まっている。これはどこの地方裁判所でも高等裁判所でも大体同じだ。つまり、弁護人だけが「お客さん」というわけだ。

こうして日常の多くの時間を共に過ごす裁判官と検察官は、自然と親しくなっていく。検察官はまるで「勝手を知った他人の家」のように裁判官室に入って行くし、「記録の借り出し」と言って裁判所の記録を、検察官室に持って行って事件を検討することもある。

判検人事交流という制度がある。判事、判事補が法務省、検察庁に出向して検事となり、検事が裁判所に出向して判事、判事補となるという制度だ。判検人事交流で検事となっている判事、判事補は数十名おり、その多くが、訟務検事といって行政事件で国側の代理人を務めている。なお、判検人事交流のうち、刑事裁判官が検察官となり、検察官が刑事裁判官となることは、2012年度から廃止されていることがわかった（「朝日新聞」201

2年4月26日朝刊)。

先にみた検察官の勾留請求の却下率、否認事件の保釈率、無罪率などの異常な低さには、以上のような背景がある。裁判官の検察官に対する依存率が高まっている。

戦前、司法省という役所があり、判事と検事の人事は同じ司法省が行っていた。そして司法省を牛耳っていたのは、むしろ検事であった。こうした判検一体の名残が、今日でもある。

検察官控訴

日本では、一審で無罪判決が出た場合、検察官は、事実誤認を理由に控訴をすることができる。英米法圏では検察官控訴はない。

それ自体、被告人を「二重の危険」にさらすものとして憲法第三九条に違反するとの学説が有力であるが、1948年の最高裁判例で合憲とされている。検察官が控訴した場合の一審判決の破棄率は、全国平均で約3分の2であり、東京高裁管内では約4分の3である。被告人は、「天国から地獄へ」突き落とされた気持ちになる。

こうした検察官控訴の場合の高い一審の破棄率が、一審の裁判官を萎縮させ、ますます無罪率を低くしているのである。

すぐれた職業裁判官による裁判

職業裁判官みずから、今日の日本の刑事裁判の病弊を深く理解し、負担をいとわず、丁寧に証拠調べを行い、無罪判決を出すことがある。

その際、例えば自白調書の信用性、目撃証言の信用性、情況証拠による事実認定などについての「注意則」(「危険な証拠」の証明力の評価にあたり、事実認定者＝裁判官が注意すべき事柄を、過去の裁判例から抽出したもの)が、生み出されてきた。それらは、1970年代から90年代に書かれた元裁判官の渡部保夫氏、守屋克彦氏、木谷明氏の各研究などにまとめられているが、その後も積み重ねられている。

自白調書に関して言えば、自白と客観的な証拠が符合しているか、とりわけ自白が、客観的な証拠が明らかになるたびにそれに沿う方向で変遷を重ねていないか、自白どおりのことが実際に起これぱあるべき証拠が不存在ではないか(例えば現場から指紋が発見されず、着衣から血痕が発見されないなど)、自白に不自然・不合理な点はないか(例えば自白で首を絞めたとき真っ白な顔になりました、と供述していたとする。しかし頸部を絞めると、体表近くの静脈は閉まるが、頸椎骨近くにある椎骨動脈は閉まらないので、頭から血が戻らず、血が上るだけとなり、「赤鬼」のように真っ赤な顔となる)など、目撃供述の信用性に関しては、夜間、短時間の目撃であるか否か、最初の描写からどれくらいずれているか、写真面割りの作り方が誘導的になっていないか、目撃から犯人識別までどれぐらいの時間が経過したか、などである。

すぐれた判決は、こうした「注意則」にのっとり、緻密に判断をしている。これら判決は、裁判官が日本の捜査のあり方をよく理解し、検察官に必要な証拠を開示させるなどして時間をかけて審理を行い、作られた見せかけの有罪方向の証拠の群れに覆い隠された真相を見破った結果である。

これらの判決は、裁判官室や自宅の書斎で調書を時系列的に並べて、批判的に読み込んだうえで書かれていると思われる。本来の心証形成の場である法廷ではないところでも時間をかけて、記録を読み込み、調書を分析し、真相を見抜いていたわけであるが、日本の捜査のあり方のもとでつくられた冤罪を救済するには、それしか方法がなかったのである。これは「客観的、分析的な判断手法」などと呼ばれる。

こうしたことは「法廷における証言を市民の常識で判断する」だけで可能であろうか。

想像による可能性判決

他方、裁判官によって無罪率に大きな違いがあることから推測されるように、判決文を見ると、裁判官によって証拠の見方が大きく異なることがわかる。「被告人がかんたんに虚偽の自白などするわけがない」と思い込み、自白があれば、「おおむね客観的な証拠に符合している」「多少の変遷はあるが、大筋で一致している」というおおざっぱな判断をする裁判官がいる。

これらは「直感的、印象的な判断手法」などと呼ばれる。弁護人が証拠にもとづく疑問を呈示しても、「こうだった可能性がある」として、裁判官が頭のなかで勝手に想像したことを「可能性」として示し、それだけで疑問を消してきた。

例えば、第1部第5章でふれた日野町事件では、元被告人は、奪って山中に捨てたとされる金庫をホイルレンチで開けようとして、金庫に傷ができたと自白していたが、ホイルレンチでは絶対にできないような傷が形成されていた。これに対して再審請求審の裁判官は、「自白は事件から数年ほど経っており、事件当時酒に酔っていたので、正確に思い出せなかった可能性がある」として、疑問はないとした。このようにして、他にも数多くあった自白のすべての疑問を消したのである。

また、ある痴漢冤罪事件では、被害女性は、A駅から痴漢行為が始まったと供述していた。しかし被告人は、次のB駅に到着したところ、かなり長文のメール文を携帯電話から送信していた。その時刻はNTTドコモの記録に残されていた。

操作に慣れた人でもそのメール文を作成するのに5分はかかったが、A駅、B駅間は2

分くらいしかない。メール文を作成しながら痴漢をすることは常識的に考えにくいことから、被告人が痴漢をしたとするには疑問が残った。

ところが東京高等裁判所の裁判官は、「A駅でほとんどメール文を作成し終わっており、その後痴漢行為をして、B駅でメール文の残りを作成し送信した可能性がある」として、この疑問を排斥した。

このように裁判官の想像だけによって考え出された「可能性」により、疑問を排斥するという点が、誤った有罪判決の特徴の一つである。

2011年7月25日、最高裁判所第二小法廷は、一、二審有罪とされた千葉中央で起きた強姦事件の有罪判決を破棄し、被告人を無罪とした（第1部第3章の冒頭で紹介した）。千葉勝美裁判官（民事裁判官出身）は補足意見で次のように述べた。

……裁判官は、訴追者側の提出した証拠が有罪認定に十分なものか否かといった観点から、公正かつ冷静に証拠の吟味をすべきであって、社会的、一般的な経験則や論理則を用いる範囲を超えて、自己の独自の知見を働かせて、不十分、不完全な証拠を無理に分析し、つなぎ合わせ、推理や憶測を駆使してその不足分を補い、不合理な部分を繕うなどして証明力を自らが補完して、犯罪の成立を肯定する方向で犯罪事実の認定を行うべきものでないことは当然である。この点は、異論のないところであろうが、我々として、常に自戒する必要があるところであろう。

刑事裁判官への痛烈な皮肉とも取れる部分である。「想像による可能性判決」は、職業裁判官に特異な病弊であろうか。そこに「市民の常識」を入れることにより、こうした判決は減少するであろうか。

第7章

裁判員制度の導入で、日本の刑事裁判の特色は変わりつつあるか

「裁判員に負担をかけられない」

まず、実際の裁判員裁判の事例のひとつひとつを検討する前に、その審理のあり方の指針を検討してみよう。事例ひとつひとつから抽出するよりも、その方が裁判員裁判の一般的な特色を考えるのに便利だからである。

最高裁事務総局は、裁判員制度の導入にあたり、タレントを起用するなどして「裁判員に負担をかけない」ことを看板にした広報活動をくり返した。わかりやすい審理が行われ、多くの事件は3日ぐらいで終わるということだ。もちろん国民向けの広報だけではなく、現実にそういう実務が行われることを本気で追求していた。最高裁判所司法研修所の司法研究『裁判員制度の下における大型否認事件の審理の在り方』(司法研修所編、2008年、法曹会刊)は、現場の裁判官に向けて、そうした実務の指針を示そうとした研究である。実務のあり方の設計図といってよい。

同書の内容をひとことで言えば「裁判員に負担をかけられない」ことを最重点課題としている。「裁判員に負担をかけられない」こととは、審理日数を短縮すること、そのために、あらかじめ争点を絞り、証拠の量を減らすこととされている。

同書は、過去の「大型否認事件」から数事例をピックアップして記録を検討し、執筆者らの目から見て、必要がなかったと考えられる証拠調べを指摘し、これらの「無駄」はあらかじめ削除すべきだったという。そして実際は2〜3年かけて多数回の公判を重ねた過去の「大型否認事件」の審理日数を、数日から1週間程度にまで短縮できると述べている。

同書によれば、そのためには裁判員が参加する公判の前に行われる「公判前整理手続」が鍵を握っている。「公判前整理手続」を主宰する裁判官は、同手続において検察官に「証明予定事実」を、弁護人に「予定主張」を明らかにさせるが、そこで重要ではない争点は「削ぎ落として」しまう。そして絞られた争点についてだけ、証拠調べを行う。その証拠も「厳選」し、重複する証拠（例えば執筆者らから見て内容的にあまり大きく変わらない自白調書が多数存在し、検察官がそれらを全部請求したときなど）、争点との関連が高いとは言えない証拠（例えば執筆者らから見て「量刑を動かす因子たりうる」とまで言えない情状関係の証拠を弁護人が請求したときなど）などは、裁判官が証拠調べ請求を却下する。

こうして、厳選された証拠についての証拠調べの順番と予定時間などを決めた「審理計画」が策定される。

2004年に一部改正された刑事訴訟法によれば、「公判前整理手続」終了後は、あらたな証拠調べ請求は、「やむを得ない事由」がなければ認められない。同書は「やむを得ない事由」をきびしく解釈している。

「審理計画」では、審理の開始から終結に至るまでのスケジュールが、分刻みでつくられる。「審理計画」になかった証拠調べなどをしていると、このスケジュールが崩れてしまう。実際の審理が「審理計画」から逸脱することは、すなわち審理の遅延を意味する。同書によれば、そんなことは裁判員に負担をかけ、「裁判員が被る迷惑が甚だしいことはもちろん、制度そのものを揺るがしかねない」ことだそうだ。

冤罪事件はどうなるか

私には、同書がめざすのは「裁判員に負担をかけられない」ことの裏返しとしての「裁判の迅速化」であることが、ひしひしと伝わってきた。こんな「審理のあり方」に巻き込まれると、被告人の防御権が削られて、大変なことになるのではないか……。さらに気になったのは、同書が選択した「大型否認事件」は、全部有罪が確定している事例であり、添付された資料を見ても、それらが冤罪事例とは全く考えられなかったことである。

裁判員制度実施前に全国各地方裁判所が主宰して500回以上行われたという模擬裁判は、いくつかの実際の事例をもとにしており、そこには最高裁事務総局がいう「複雑、困難事件」が含まれていたが、冤罪・誤判事例をモデルとしたものは一つもなかった。

裁判員制度の制度設計をした検討会の重要メンバーだった池田修氏（元広島高裁長官）は

『解説裁判員法』（２００５年、弘文堂）で、裁判員法を一条ずつ解説している。

　裁判員法第一条は、裁判員制度の目的を「司法に対する国民の理解の増進とその信頼の向上に資する」こととする。同書は、裁判員法第一条の趣旨は、従来の職業裁判官による裁判がきちんと機能しており、そのことは市民が参加してもらえばよくわかるので司法に対する「理解」と「信頼」が高まるのだと解説している。そして「裁判員に負担をかけられない」ことを最重視し、その結果として「裁判の迅速化」がはかられることに大きな期待をかけている。

　私はこれらから、当初は国民の司法参加に抵抗していた、いわゆる司法官僚が、裁判員制度を推進するに至ったのは、冤罪・誤判防止などを気に留めたのではなく、裁判の迅速化に役立つと考えるに至ったからなのだな、と思った。

　何かが大きく違っていないだろうか。例えば、実務的なモデルをつくるにあたり、司法研究「大型否認事件の審理の在り方」などと異なり、過去の冤罪・誤判事例こそ対象として検討すべきではなかっただろうか。

　やむをえず私は、この「審理のあり方」が行われたらどうなるのか、過去の冤罪事例を念頭において思考実験、シミュレーションをくり返した。

　私が案じていたのは、もちろん、一般市民が司法に参加すること自体ではない。私が危惧したのは、「裁判員に負担をかけられない」ことを第一として設計された「審理のあり方」であり、そしてとりわけ、その「審理のあり方」と日本における「捜査のあり方」との組み合わせである。それらを組み合わせた捜査・公判全体の姿は、はたして冤罪救済機能をはたすのにふさわしいであろうか。そのことを次に検討しよう。

「捜査のあり方」は依然変わっていない

日本における「捜査のあり方」の特色は、本書第1部で述べた各事例に示されていると思う。簡単に言えば、取調べ中心の捜査である。

長期間、被疑者の身柄を拘束して連日、長時間の取調べが行われ、被疑者が捜査官の見込み(被疑者=犯人)に沿った供述(自白)をし、大量の自白調書が作成される。

第1部第1章で述べたように自白調書は被疑者が「私がやりました」と述べただけでは終わらない。被疑者は次に「どうやったのか」説明を求められる。真犯人ではない場合、事件のことを知らないので、「どうやったのか」を説明できない。そこでやむをえず、最初は概括的な自白調書が作成され、「詳しいことはよく思い出して、後日申し上げます」などと結ばれる。そして、犯行のひとこまひとこまについて、問答がくり返される。

被疑者が真犯人ではない場合、犯行を知らないために、どんどん間違えた答えをしてしまう。

例えば、大森勧銀事件（強盗殺人）では、被疑者は支店のどこのドアから入ったかと聞かれて、間違って答えた。「このドアから侵入しました」との説明書きが、侵入口とは違うドアに矢印で示された見取り図を書いてしまった。ドアが間違っているばかりでなく、支店内部の状況は何も書けない。実際に行っていない場所を想像できないからだ。侵入したドアが「違う」と捜査官から言われて、見取り図を何度も書き直したりした。支店内部に金庫が書き加えられるが、その場所も間違っており、書き直させられた。「正解」に達するまで許されない取調べが続く。

被疑者がどうしても「正解」に達しない場合には、ヒントが与えられる。そのドアをこじ開けた工具は何かと聞かれて、被疑者は工具を特定できず、パイプレンチ、スパナ、と供述を変遷させていたが、最終的にプライヤーに落ち着いた。被疑者は、警察官にいくつか紙の上に置かれた工具を示され、「どれだ」と聞かれた。パイプレンチもスパナも「違う」と言われたので、プライヤーが置いてある紙にマル印を付けたところ「おまえよく知っているじゃないか」と言われた。このようにして、現場の状況（施錠が壊されたドアや、その工具痕跡）に矛盾しない自白調書が作成されたのである。

また、参考人の取調べも、多数回、長時間行われ、捜査官の見込み（被疑者＝犯人）に沿う方向で、供述調書が作成される。

第6章で述べた、2011年再審開始決定が出された福井女子中学生殺人事件を思い出していただきたい。

当初、参考人Aは血だらけの服を着た被告人を同乗させていたのはBだと供述していたが、Bは犯人隠避罪で逮捕、勾留されても否認し続けた。そのうち捜査本部は、ダッシュボードに被害者と同じO型の血痕が付着していたスカイラインを犯行車両として特定したが、それを使用していたのはCであった。Aの供述は、被告人を同乗させていたのはCであると変遷した。Cは10回以上、参考人として取調べを受けて、ついに被告人を同乗させていたと捜査官の見込みに沿う供述調書が作成された。しかしその後、より詳しい血液型検査でダッシュボード上の血痕は被害者のものではないことが判明した。

このように、冤罪事例では、捜査の過程で紆余曲折が避けがたいのが通常である。

なぜしゃべりもしないことを作文したのか

2010年に無罪となった村木元厚生労働局長事件における大阪地検特捜部の取調べ方法が報道されたとき、私は当初、意外に思った。私は、被疑者が「正解」に達するまで問答をくり返す警察の取調べに馴染んでいたためである。

というのは、大阪地検特捜部の検察官らは、こうしたばかげた問答をくり返すのではなく、村木氏の上司や部下の参考人取調べにおいて、描いた「ストーリー」に沿った検察官面前調書をしゃべりもしないのに勝手に書いてきて、参考人らに対して署名・押印だけを求めたという。その主任検事は、別の裁判の被告人によれば、取調べ中「今は作家の時間だから。司馬遼太郎みたいなもんだよね」などと述べていたと報道された（本当にそんなことを言ったのか、にわかには信じがたい気もしたが……）。

しかし私には、この大阪地検特捜部のケースのように、しゃべりもしないことを作文する方がずっと手軽なように思われた。なぜ警察は、ヒントを与えながらとはいえ、被疑者が「正解」を口にするまで許さない取調べを行うのであろうか。

ひとつの理由は、多くの場合、警察は被疑者を真犯人だと信じ込んでいるためだ。被疑者だけは本当のことを知っており（「ホシは何でも知っている」）、供述をしぶりながらも自分の取調べによってついに口を割った、と信じているからではないか。その職業的信念と忍耐強さこそ、「割り屋」（作文が大好きだった村木元局長事件の主任検事は、検察庁内でこう呼ばれていた）の呼称にまだしもふさわしい気がする。

もうひとつの理由は、もっと実務的なことである。そのように「正解」に達するまで許されない取調べを受けた被疑者は、「正解」に達するまで苦しんだ分だけ、「正解」を暗記してしまい、いつまでも忘れないからだ。

したがって被疑者は、警察の手元を離れ、検察官の前に出ても、暗記したストーリーをすらすらと語ることができる。検察官は、その暗記した話を聞きながら、送付された警察官調書をチェックし、不整合と思われる点にところどころ手を入れれば済むのである。

大阪地検特捜部のケースでは、そうした警察と検察の役割分担はなく、したがってチェックする者もいなかったので、しゃべりもしないことを勝手に作文すればよかったということであろう。少し話が脱線してしまった。

捜査の過程が見えなくなる

大量に作成された供述調書の証拠能力が認められるためには、自白調書であれば「任意性」、参考人の検察官調書であれば「特信性」が要件となっている。この要件は裁判員制度の実施前後で何ら変わらないし、裁判員裁判でもこれらの要件を判断するのは職業裁判官である。

すなわち、これまでの職業裁判官による裁判と同じように、供述調書が証拠として採用されうるということだ。ただし「証拠の厳選」規定のため、その全部が採用されることはないだろう。「裁判員が大量の書証を全部読むことは期待できない」からだ。

その証拠調べの方法は、検察官が立ち上がって供述調書を「全文朗読」することになる（朗読を聞かされている間、裁判員ひとりひとりの前に設置されたパソコンの画面にはワープロに打ち込まれた活字体の供述調書が、強調したいところが赤色文字とされて映し出されている）。

証拠の「厳選」の結果、検察官は、被疑者、参考人が全部「正解」に達した後の総仕上げの自白調書一通だけ、参考人調書一通だけを証拠として請求し、それだけが裁判官により採用されるであろう。

「裁判員に負担をかけられない」ための「証拠の厳選」は、紆余曲折を経て一つの方向にまとめられて行く捜査の過程を見えなくし、その結果とされるものだけが示される危険がないだろうか。私は、この「審理のあり方」と、日本における「捜査のあり方」の組み合わせは危険だと思う。くどいようだが、捜査の過程を見えなくし、捜査の結果だけがうまく示され、誤判に陥る危険を感じ取るからである。

取調べの可視化

さらに「取調べの可視化」も絡んでくる。警察、検察は全部可視化に基本的に反対しており、一部可視化、すなわち撮りたいところだけを撮って、ビジュアルな証拠として使うことを好んでいるようだ。

2009年、フィリピン保険金殺人事件において、初めて法廷で共犯者の自白の録音、録画が再生された。前述の『裁判員制度の下における大型否認事件の審理の在り方』は、自白調書が大量に作成された場合、証拠を厳選してその一部だけを請求するだけでなく、その一部の自白調書の「任意性」の立証はDVD録画によることを検察官に勧めている。これまでの職業裁判官による裁判の「任意性」の立証では、被告人質問と、取調べ担当捜査官の証人尋問に長時間を要し、裁判が長期化する一因となっていた一方、結局真相がわかりづらいことが多かったため、無駄だから、DVD録画で立証せよ、というのである。

一部の調書だけを請求し、取調べの一部の可視化によりその証拠能力を立証する、他は無駄だからいらない、という発想は、どのような結果を生むだろうか。

2011年再審で無罪が確定した布川事件では、元請求人の桜井氏の「自白テープ」2本が存在した。これらのテープは、全体の再生時間が、テープに吹き込まれた録音開始・終了時刻からわかる時間より短く、調べてみると編集痕跡がいくつもあった。その点はともかく、録音テープでは、桜井氏がすでに暗記してしまったストーリーをすらすらと語っている。それだけを聞くと「任意性」があるように聞こえる。

桜井氏は、代用監獄で虚偽自白に落ちた後、拘置所に移管されアリバイを思い出して検事調べで否認した。しかしその後代用監獄に戻され再び自白に転じ、2度目の検事調べでは自白をした。例えばこの2度目の検事調べのときの自白調書だけが請求され、一部録音、録画により「任意性」を立証されれば危険ではないか。

私が言いたいことは、くり返しとなるが、日本の「捜査のあり方」と最高裁司法研修所が示した裁判員裁判の「審理のあり方」は木に竹を接いだようであることだ。「捜査のあり方」を改革すること、とりわけ捜査の不透明性をなくすことが、市民が参加する公判を、冤罪の防止に役立つようにするための前提だと考えている。

「調書裁判」は克服されるか

日本の刑事裁判の特色として「調書裁判」と述べた。裁判員裁判の実施により、「調書裁判」が克服される、とする議論がある。直接主義・口頭主義的な証拠調べということも強調されている。調書を読むのではなく、直接、目で見て、耳で聞いたことにもとづいて裁判をするという理念だ。

確かに、裁判員裁判は、従来の職業裁判官裁判のように、法廷で供述調書の束が検察官から裁判官に受け渡され、それを裁判官があとで裁判官室や官舎で読んで心証を形成するというスタイルでは行い得ないし、現にそんなふうには行われていない。

刑事裁判の傍聴を長く続けて来た人たちの感想によると、従来の裁判に比べて、格段にわかりやすくなっているという。採用された一部の調書は、先ほども述べたように検察官が「全文朗読」する。「全文朗読」を聞かされるかたわら、パソコンの画面上に調書をワープロ打ちしたものが表示され、読まされもする。そのときに法廷で、心証を形成するのである（もともと刑事訴訟法は証拠書類の取調べ方法として「全文朗読」を規定する。後に刑事訴訟規則で「全文朗読」せずに「要旨の告知」で足りることとなり、検察官が「要旨の告知」を年々短くするようになったため、法廷でそれを聞いているだけでは、何が行われているのかさっぱりわからないようになっていた）。

その意味では、従来の職業裁判官だけの裁判とはずいぶんと様変わりしたし、裁判官も検察官も弁護人も、「わかりやすさ」に心を砕いている。

裁判が「わかりやすくなる」こと自体は、もちろん大切なことだと思う。「わかりやすさ」を追求するあまりの行き過ぎと自分でも思っているが、私が現在担当している裁判員裁判では、鑑定書だとか、法医学文献など「専門的」な証拠について、検察官や弁護人が抜粋をしたり、要約をしたりして証拠調べ請求をし、それらを「全文朗読」することになっている。

「調書裁判」が克服されるとする議論は、裁判員は供述調書を読まない、読まれないものを作っても仕方がないので、警察、検察も供述調書を作らなくなる、というものである。

私は、これはひどく楽観的な見方だと思う。一部の供述調書に厳選して、「総仕上げの一通」だけを、耳からも、目からも入るようにするというのは、より洗練された調書裁判でしかなく、従来の調書裁判の警察、検察側から見た欠点を、消去しているだけである。

自白調書についても参考人調書についても、全取調べ過程は、「総仕上げの一通」の供述調書を作成するためにだけ存在すると言っても言い過ぎではない。それまでの紆余曲折は、警察、検察側としては、見せたくないものになっている。

昔は、検察官は、何十通にもなる大量の自白調書を全部証拠調べ請求して「何十回も、詳細な自白をしているのだから、間違いがない」と、回数や量で圧倒しようという考えがあったと思う。しかし、1980年代、1990年代に一部の裁判官による「自白の注意則」研究などが進み、検察側も、全部の自白調書を取調べることは、捜査の過程の紆余曲折をみずから明らかにしてしまい、決して有利ではない、むしろ不利であることに気が付いたことと思う。現在の検察の訴訟戦術は、そうした捜査過程をできるだけ見せずに（できれば捜査記録にすら残さず）、結果だけを見せることに変わっている。

参考人調書——甲山事件の例

参考人調書についても、現在の検察は同じ訴訟戦術を取っている。

甲山事件は、1974年、知的障碍《しょうがい》がある児童の施設で、2人の園児が浄化槽で死体となって発見され、保母のYが殺人罪で起訴された事件であるが、事件から25年後の1999年、無罪が確定した。

「Yさんが廊下でX君を連れ出すのを見た。X君はいやがって暴れて、Yさんを足で蹴ったりしていたが、Yさんは X君の両手をつかんで廊下を引きずるなどして、連れ出した。その先には浄化槽があった」とするAの供述調書が、事件からおよそ2年後、何度にも及んだ警察の取調べの結果、作成された。

その後、園児B、C、D、E、Fらの供述調書が、Aの調書を中心に、まるでジグソーパズルのピースがぴったりとはまるように、相互に符合するように、作成された。そして公判では、A~Fは、完成された供述調書どおりに証言したのである。

それぞれ約20通ずつ作成されたというA~Fの供述調書は、その作成経過をみると相互に符合するように徐々に変遷したことがわかり、園児供述の信用性は否定された。しかし、こうした捜査の過程を知らずに、法廷で結果としての園児供述だけを聞かされれば「そんなことがあったのだろうな」と思ってしまうであろう。

甲山事件での失敗の教訓を経て、現在の検察の訴訟戦術は、供述調書をできるだけ開示せず、糸口を与えずに法廷での証言だけで心証を形成させることである。直接主義、口頭主義だけを強調しても、日本における捜査のあり方のもとでは、捜査の過程が見えなくなり、かえって危険である。

証人の記憶は「汚染」される

私は、目撃者の証言の信用性が争われる事件や、痴漢冤罪裁判をいくつか担当したが、供述調書の作成過程において、証人の記憶自体、変化するものなのだな、と何度か感じた。供述調書の作成過程において、捜査官は、参考人から情報を得ようとするだけでなく、無意識のうちに情報を与えてもいる。

そのようにして捜査官から与えられた情報であるのに、それがあたかも証人自身のオリジナルな記憶であるかのように記憶が変容し、自分でもそのことに気がついていないことが多い。

例えば、細かい話だが、ある女性の痴漢被害者は、被告人の姿を、「紺色上下のスーツ姿」「つかんだ袖の色も、紺色と覚えています」と供述調書で述べ、法廷でもそのように証言した。しかし現実には、被告人は大きめのこげ茶色のコートを着ていて、スーツはコートに覆われて見えなかったのである。この場合、取調べにおいて、女性は警察官に紺色上下のスーツ姿の被告人の写真を示されていた。その写真の姿が、事件当時の被告人の姿の記憶を上書きしてしまったと思われる。

第1部第2章で述べたように、アメリカの心理学者のロフタスの実験では、自動車が衝突したスライドを見せ、「激突した車のガラスの破片が見えましたか」と聞くのと、「ぶつかった車のガラスの破片が見えましたか」と聞くのとでは、被験者が「ガラスの破片を見た」と答える確率が違ってくる。「激突したか」と聞かれると、「ガラスの破片を見た」と答える人が多くなるのである。実際にはガラスの破片などスライドには写っていない。

法廷での証言は、何度も重ねられた取調べの結果である。捜査官から与えられた情報は、無意識のうちにも脳裏に刻まれ、法廷証言において再生される。その情報が、証人のオリジナルの記憶に起源をもつのか、それとも捜査官が与えた情報に起源をもつのか、見分けるのは至難のわざである。供述調書自体が採用されなくても、それとわからない形で、実際には調書裁判が行われている。

私は、捜査官が何度も事情聴取をくり返すことによる記憶の汚染こそが問題であり、その汚染された記憶が語られるかぎり、「調書裁判」の克服などされないと思う。真相に迫るために大切なのは、初期の供述であり、その初期の参考人の取調べ過程を録音、録画して、できるだけオリジナルな記憶に迫ることである。そうすることが「調書裁判」の克服だと思うのである。

「人質司法」はなくなったのか

裁判員裁判では、公判前整理手続において「予定主張の明示」が被告人、弁護人に義務付けられている。裁判の迅速化にとって、おもに争点だけについて証拠調べを行うことが重要である。公訴事実に立証責任を負う検察官が、そのすべてを「合理的な疑い」を超えて証明しようとすると、必然的に証拠の量がふえてしまい、すべての証拠調べを終えるのに時間がかかってしまうからだ。だから裁判の迅速化をめざす官僚司法側は、被告人、弁護人にできるだけ早く「予定主張の明示」をさせて、争点をしぼろうとしている。それもこれも、「裁判員に負担をかけられない」からだ。

一部の裁判官は、「予定主張の明示」をさせるためには、弁護人と被告人と打ち合わせが必要だが、弁護人が拘置所に出向くのは大変だろうから、これからは保釈を認めやすくするべきだ、「人質司法」という見方には賛成できないが、これまで否認していればただちに「罪証隠滅のおそれ」があるとして保釈を許可しなかった運用を考え直す必要がある、と述べたりした。

裁判員裁判の対象事件の保釈率は、制度実施から2011年3月までの統計で8・3パーセントであり、2008年、2009年の裁判官裁判の保釈率が4・5パーセント、5・5パーセントであったのに比して、やや高くなっている。

しかし保釈の時期が問題であり、予定主張を明示し、弁護人の証拠調べ請求も終わって、公判前整理手続も終わりごろになってからようやく保釈されることが多く、被告人の防御権の保障にとって、あまり意味があるとは思えない。

裁判員裁判に可能性はあるか

私は、裁判員制度の制度設計そのものや、実務運用の指針などに多くの欠陥を見てしまう。制度設計それ自体にも、公判前整理手続を主宰した裁判官たちと裁判員では、情報格差がありすぎて、評議が対等に行えないのではないか、5対4でも有罪とできる単純多数決制でよいのか、裁判員に対する刑罰付きの重すぎて広汎すぎる守秘義務など、多くの疑問を抱いている。

実務の運用指針については、私は、基本的に「裁判員に負担をかけられない」として、裁判員を子ども扱いしていることが、日本における捜査のあり方のもとで、余りよい結果をもたらすように思えず、危惧しているのである。

国民の司法参加そのものがわるいと言っているのではもちろんない。それが置かれたコンテクストによるのである。

しかし、実務の運用指針については、現実の裁判員裁判では、それが必ずしも最高裁司法研修所の想定どおり行われているわけではない。また少なくとも私が予想した以上に、国民の司法参加が人権保障機能をはたしたと思われる実例もいくつか重ねられている。さらには、裁判員制度の実施により、一般市民の刑事裁判に対する関心の度合いが、非常に高まったことは、肌で感じる。そのことは、おそらく最近の最高裁判決の傾向と連動しており、また、再審無罪の動きとも関係していると思う。そうした意味で、ここ3年ほどで、刑事裁判の状況はかなり大きく変わりつつあるようにも思う。

次章では、無罪、一部無罪の判決が出された裁判員裁判を中心に、実際の事例をいくつかピックアップし、裁判官裁判からの変化を考えてみたい。

第8章　判決文を通して、裁判員裁判の特色を読み解く

有罪率は変わったか

最高裁事務総局によれば、制度施行の2009年5月21日から2012年1月末までの統計で、裁判員裁判において判決を言い渡された被告人数は3343名であり、このうち無罪の判決を受けた者が12名、一部無罪の判決を受けた者が8名となっている。有罪率は、99・64パーセントである。

有罪率のピークは2000年で、99・95パーセントだった。それに比べて、数字の上ではわずかに変化している。大した違いではないと見ることもできるが、無罪率で見ると、数倍となっている。

実務上、有罪か無罪かがきわどく争われる事例は、それほど多数ではない。裁判員裁判はまだ全体数が少なく、結論的なことを言うには早いが、この変化を過小視することもできない。

裁判員裁判の無罪判決

それでは、裁判員裁判の無罪判決には、裁判官裁判の判決にはない特色が見て取れるだろうか。以下、本章では、判決文を中心として検討したい。

裁判員裁判の判決文は、評議を踏まえつつも、裁判官が書くものである。裁判員には審理、評議中ばかりか、判決後にも守秘義務があり、自分自身の意見、他の裁判員、裁判官の意見、どのような多数決で決まったか、評議の経過などをしゃべると刑罰に処せられる（この守秘義務が重たすぎ、見直しが必要であることは、次章で述べる）。

したがって、判決文だけから読み解けることには限りがあるが、あえて試みた。

私は、これまでの裁判員裁判の無罪、一部無罪判決はほとんど検討してきたが、紙幅の制約から、この章では、以下の2事例に絞って紹介する。事件の概要と、裁判員裁判の判決文の紹介、そして筆者の感じたことを、それぞれ順に述べる。

〈ケース14〉立川の少年の詐欺事件——裁判員の常識感覚が活きた

（東京地裁立川支部2010年6月9日判決［一部無罪・確定］）

「Aのお母さん優しいから大丈夫だよ」

この事例は、被告人B（事件時19歳）が、2009年2月から3月にかけて、共犯者A（同19歳）とともに、3回にわたり、路上で女性からショルダーバッグなどをひったくって車両で逃走し（窃盗、強盗致傷）、同年3月に、その被害品である女性名義のクレジットカードをディスカウント店で使用し、約10万円相当のブレスレットを同店から騙《だま》し取った（詐欺）として起訴されたものである。

おもな争点は、被告人Bの詐欺罪の成否である。

詐欺罪の起訴内容は、Aがひったくりの被害女性の息子に、Bはその友人になりすまし、ディスカウント店で、Aが被害女性のクレジットカードを「お母さんのもの」だと述べ、Bが「Aのお母さん優しいから大丈夫だよ」「カードが通るかどうかやってみてください」と述べて店員を信用させ、ブレスレットを騙し取ったというものだった。

これに対し被告人Bは、ひったくりの被害品にクレジットカードが含まれていることは知らなかった。BはAと被害者の息子とその友人役を演じることを相談したことはなく、「Aのお母さん優しいから大丈夫だよ」などの発言もしていないとして、詐欺罪について無罪を主張した。

検察官が提出した有罪方向のおもな証拠は、Bが「Aのお母さん優しいから大丈夫だよ」と発言したのを聞いたというAの供述、そして、同様の発言を聞いたとする店員Cの供述、そして防犯ビデオの画像であり、そこにはレジ付近で、Aの右後ろにBが立っている姿が映っていた。

判決文の紹介

判決（福崎伸一郎裁判長）は、ひったくり事件は有罪としたが（ただし、強盗致傷罪として起訴された一件については、実行役を被告人Bではなく、共犯者Aとして、窃盗罪とした）、詐欺罪は無罪として、被告人Bに懲役3年、執行猶予4年（保護観察付）の判決を言い渡した。

以下、詐欺について無罪とした判決理由のみを紹介する。

判決は、まずAの供述の信用性を検討している。

Aがクレジットカード詐欺を実行したことは「動かしがたい」から「Aが自己の刑責を軽減するために無関係の被告人を共犯者として引き入れる危険は大きくはない」としつつも、

「被告人と一緒にひったくりをしたのに、クレジットカードが被害品に含まれていたことを被告人に知らせることなく、密かにそのクレジットカードを使用して詐欺を実行し、騙し取ったブレスレットを自己の手中に収めていたとなれば、相当に印象がわるくなることは避けられず、Aがそのことをおもんぱかって、事実に反して、被告人と事前に相談した上、被告人と一緒に詐欺を実行したとの虚偽を述べるおそれがないとはいえない」

「したがってAの供述の信用性についてはやはり慎重に吟味する必要があり、他の証拠による有力な支えがないかぎり……そのまま信用することは出来ない」

とした。

そして判決は、以下のように、店員Cの供述の信用性について検討する。

「……Cは、一般的には中立的な第三者であり、殊更な嘘を述べてまで被告人に不利な証言をすることは考えにくい。……しかし、本件カードの使用には、当初から、相当怪しいところがつきまとっていたのであり、それをそのまま使用させたことについて、Cが社内で責任を問われ、あるいはその評価を下げることをおもんぱかって、自己の責任を軽減するため、被告人らの言動を誇大にいう可能性は否定できない」

「そのような事情がなかったとしても、Cの供述の経過には、……他からの情報による誤った記憶の変容があったのではないかと疑わせる事情がある」

「すなわち本件は、……当初から、共犯事件であるという疑いの下に捜査が進められていたことが明らかであるのに、事件発生の約2週間後（平成21年3月19日）に作成されたCの警察官調書中には、被告人がAと一緒になって、Aがクレジットカード名義人の息子だと信じさせるような話をしていたという供述は記載されておらず、この供述が同人の供述調書等に現れたのは、本件が、家庭裁判所から検察官に送致された後に作成された平成21年7月23日付け検察官調書が初めてのようである（傍点は引用者）。通常の捜査官の関心状況から見ると、この点は甚だ不自然といわざるを得ず、Cは、当初は、そのような記憶を有していなかったのではないかとの疑いを持たざるを得ない」

「これに対してCは『レジのビデオの音声で記憶を喚起した。……初めて警察で事情を聞かれたときには既に、その音声を確認していた』と供述しているところ、レジの防犯ビデオが音声を録音することのできるものであることは、写真撮影報告書（職権で採用された：引用者注）によって裏付けられている。しかし、その音声自体は証拠化されておらず、これによって……供述の真偽を確認することは出来ない。仮に、そのような音声の録音がその当時存在していたのだとすると、なぜ、それが証拠化されていないのかも、いささか不可解である」

「Cについて初めて警察官調書が作成されてから、……検察官調書が作成されるまでの間に、……Aの取調べが進んでいたと想定されることからすると、……Cの供述の変遷は、そのような捜査状況に影響されたものではないかとの疑いを払拭できない」

そして判決は、「CがAをレジ付近で接客していた際、被告人がAの右後ろにたたずんでいる状況が撮影保存されているが、その画像は断片的なもので、それ自体によって当時の被告人の言動を推認することはできない」、他に「Aの証言の信用性を担保するに足りる証拠は見当たらない」として、無罪とした。

「疑わしき」点について考え抜かれた判決

以下は、この判決文について私が感じたことである。

まず、共犯者Aの証言の信用性についての説示（裁判所、裁判官の説明のこと）部分についてである。

「共犯者の供述」は、本書の第1部では取り上げなかったが、「自白」（第1部第1章）、「目撃証言」（第1部第2章）などと並び「危険な証拠」と言われるものの一つである。

自分の責任を軽くするために、他人と一緒にやったことにするとか、あるいは自分がやったことを他人がやったことにすりかえて供述することは、しばしばある。これらは「ひっぱりこみの危険」「すりかえの危険」などと言われる。

古典的な事例は、2名に対する強盗殺人事件を、犯人が実際はひとりでやったのに、複数犯による犯行との警察の見込みに合わせて他の5名と一緒にやったと供述し、5名がいずれも拷問を受けて虚偽の自白をしたために無罪確定まで17年を要した八海事件（1968年無罪確定）である。「ひっぱりこみの危険」「すりかえの危険」は、事実認定上の「注意則」（証拠の証明力の評価にあたり、注意すべき事柄を過去の判例から抽出したもの。たとえば、自白の「変遷」に合理的な理由がないときは、その自白の信用性は低下するといったこと）の一つとして確立している。

判決は、共犯者Aの供述の信用性について、注意則をそのまま当てはめるのではなく、本件に即した具体的な危険として指摘をしている。そこに、私は評議において具体的な可能性として議論がなされたであろうことを感じ取る。

次に、店員Cの供述の信用性についての説示部分について見よう。

CはAとは違い、第三者である。裁判官裁判では、一般的な傾向として、第三者的な立場の証人が、それなりに「具体的」「詳細」で「迫真性」がある供述をすると、それだけで「信用性が高い」と結論づけることが多い。しかしこの判決は、そこにとどまらずにCが「社内で責任を問われ、あるいは評価を下げる」ことをおもんぱかった可能性を検討している。

この点については、裁判員の会社勤めなどの生活経験にもとづく「常識」が活かされたのではないか、と思われる。

そして判決は、Cの供述調書の記載の変遷から、捜査官からの影響によるCの「記憶の変容」の可能性を述べる。

本書でもしばしば指摘してきたように、他から与えられた情報であっても、あたかも自分の体験にもとづく記憶であるかのように混同し、本人もそのことに気づかないでいることは多い。これは供述心理学的には初歩的なことである。しかし裁判官裁判の判決文のなかに、そうした知見にもとづく判断が示されることは少ない。

この判決は、Cが、被告人が「Aのお母さん優しいから大丈夫だよ」と発言したと述べたのは警察官調書が作成された約4ヵ月後の検察官調書が「初めてのようである」とする。これは、供述調書が、裁判官により証拠採用されなかったことを示唆している。おそらく「証拠の厳選」規定（第7章）のために採用されなかったのであろう。弁護人がCに対する反対尋問で「あなたは最初の警察官調書で、どのように述べていましたか」などと聞いて、この供述の変遷が確認されたということであろう。

私は、この2通の供述調書が採用されなかったことについて、少々危うさを感じる。しかし同時に、供述の変遷にきちんと注意が向けられていることには安堵する。

また、審理の途中で、防犯ビデオが録音機能付であることが確認された。この証拠は、審理中に「職権」により（つまり、検察官や弁護人による請求によらず）採用されている。Cの証言を受けて「音声が録音されているのか」「その録音を聞いて確かめよう」ということが、裁判員の間で話題となり、裁判官が検察官に確認した結果「防犯ビデオは音声を録音できる」ことがわかったのであろう。

この判決文自体からはわからないが、新聞記事によれば、裁判官はさらに検察官に音声付のビデオの提出を求めたが、検察側はビデオを店に返却し、すでに上書きされていると回答したという。

こうした供述証拠を非供述証拠より重視する捜査のあり方（第1部第4章）は、裁判官裁判では、おおむね寛大な扱いを受けてきた。

その例として、痴漢事件の捜査では、警察は駅ホームの防犯ビデオの映像を駅事務室で確認するが、複製をつくらず、1週間ほどで上書きされてしまい、二度とそのときの映像が取り出せなくなってしまうことが常態化している。そのため、駅ホーム上の状況についての事実認定は、結局、供述に頼っているのである。残念なことに、裁判官がそうした捜査を厳しく批判した判決は、あまり見たことがない。

それに対してこの裁判員裁判の判決は、音声が証拠化されていないことにつき「いささか不可解である」との控えめな表現ながら、物証を重視しない捜査のあり方に厳しい目を向けていると考えられる。

この判決において、事実認定の「注意則」は、一般的な知識として裁判官が提供したものであろう。しかし、裁判官はともするとふだんの裁判で「注意則」の検討を怠りがちである。この裁判員裁判において「注意則」に息吹を与えたのは一般市民だったのではないか。

この判決は、「疑わしきは被告人の利益に」の原則に忠実であり、しかも「疑わしき」の内容は「何となくおかしい」という漠然たるものではなく、評議を通じて考え抜かれたのであろう具体的な可能性となっている。

〈ケース15〉鹿児島老夫婦殺害事件――情況証拠についての視点

（鹿児島地方裁判所２０１０年12月20日判決）

情況証拠のみから被告人を犯人と推認できるか

この事件は、40日間にわたり選任手続、審理、評議、判決までの日程が組まれ、当時は最長記録として話題になった事件である（その後、この記録は、男性３名を煉炭自殺に見せかけて殺害したとして起訴され、判決までの日程が１００日間にわたったケースに抜かれた）。

被告人Ｓは、２００９年６月18日午後４時30分ごろから同月19日午前６時ごろまでの間、鹿児島市内の老夫婦（夫91歳、妻87歳）宅に強盗目的で侵入し、スコップ（長さ約94・3

センチメートル、重さ約1・6キログラム）でその頭部や顔面などを多数回殴打し、同人らを頭部・顔面打撲にもとづく脳障害により死亡させたとして、住居侵入、強盗殺人で起訴された。

被告人Sは、老夫婦を殺害したことはおろか、その住居に侵入したこともないとして否認をした。自白調書はない。

しかし、老夫婦宅への侵入口とされる割れた窓ガラスのサッシから、被告人のものと一致するDNAが検出され、室内の壁に立てかけられた三角形に割れた窓ガラスからは、被告人の右手薬指に一致する指紋が検出された。物色された形跡のある6畳居間の整理ダンスおよびその付近からは、被告人の指掌紋が検出されている。弁護人は、DNAは、捏造もしくは汚染の疑いがあり、指掌紋は逮捕時に授取された指掌紋の粘着シートから転写するなどして捏造された疑いがある、また、被告人が犯人だとすると不自然・不合理な点があると主張した。

本件は、情況証拠のみから被告人を犯人と推認できるか、という類型の事件であった。

「基本的な視点」

以下、この裁判員裁判（平島正道裁判長）の判決文の構成にしたがって紹介する。

判決はまず、「基本的な視点」として、本件が情況証拠による事実認定のケースであることをあげた。そして、「大阪母子殺害放火事件」（第1部第5章〈ケース13〉）の最高裁判決を引用し、以下のように述べた。

「情況証拠によって認められる間接事実中に、被告人が犯人でないとしたならば合理的に説明することができない（あるいは、少なくとも説明が困難な）事実関係が含まれていることを要するものというべきであり、間接事実から事実を推認する過程において、被告人が犯人であるという検察官が認定した仮説とは異なる合理的仮説を排除できるかどうかも検討しなければならない。そして、その点を正しく検討するためには、被告人に不利な情況証拠だけを積み重ねるのではなく、有利な情況証拠や、犯人であれば発見されるであろうと考えられる痕跡が発見されないこと等の消極的な情況証拠も取り上げるべきであり、犯行現場である被害者方ないしその周辺のどこから、どのような痕跡が発見されたのか、あるいはされなかったのかを漏らさず確認しなければならない」

以下に順を追って、判決文を紹介する。

1　被告人の犯人性を検討する前提となる「犯人の行動」

判決は、「被告人の犯人性を検討する前提となる『犯人の行動』」から検討を始める。

ここで判決は「すぐわかるところに金品が残されていたことに加え、被害者殺害の手口が激しく、恨みすら疑わせるものであり、直ちに犯人の目的が強盗であったとは断定できない」とした。すなわち、被害者両名は仰向けに倒れていたが、顔面を100回以上もスコップで叩かれてまるで「お面」のように平らに潰されていた。これは怨恨目的ではないのか、というのである。

そして、犯人は「スコップを無造作に現場に残す一方で、電話線を引きちぎるなど、そつのない行動にも出ていて、ちぐはぐであり、犯人像があいまいである」とした。

ここでは暗に、別の目的で複数の人物が行動し、それが混在してひとりの「犯人の行動」とされているのではないか、と示唆されている。

2 被告人と犯人との同一性について

次に判決は、「2 被告人と犯人との同一性について」を検討する。

「(1) 検察官が、被告人が犯人であることを示す積極的証拠として主張する情況証拠の検討」から始める。

破れた窓ガラスの網戸に付着したDNAについて。この科捜研の鑑定結果は、STR検査（第1部第4章〈ケース11〉）で15ローカスのうち、14ローカスが一致した。1ローカスは不明だった。性別を判定するアメロゲニン検査も一致した。その出現頻度は、１京《けい》５６００兆分の１とされた。ただし鑑定試料は「全量消費」（第１部第４章）されており、再鑑定は不能となっていた。

判決は、ＤＮＡ鑑定の結果は「信用できる」とし、汚染（他の人の細胞に由来するＤＮＡが混入すること）もしくは捏造の可能性があるとの弁護人主張を、「汚染ならば複数のＤＮＡ型が検出されるはずである」などとして排斥し、全量消費も、採取試料が少なかったためにやむを得ない、とした。

ただし判決は、そこから推認できるのは「被告人が、遅くとも平成21年6月19日に警察が現場を立ち入り禁止にするまでの間に、網戸の表面もしくは裏面に触った」ことだけであり、それを超えて、被告人Ｓが本件の犯行時に網戸の破れ面から手を差し入れて、窓の錠をあけたことまでは推認できないとした。

さらに判決は、ガラス片（屋外側）から採取された被告人の右手薬指と一致する指紋から「少なくとも過去に被告人の右手薬指がこの部分に触れた事実は動かせない」とした。

整理ダンス付近の被告人のものと一致する指掌紋については、粘着シートから「転写された」との弁護人の主張について、転写が可能であることを認めながら、指掌紋の原紙をよく見たが、それぞれ違っていて、同じ物が転写されたとは思われないとして排斥し、過去に被告人が触った事実は動かせない、とした。そして被告人Sが、現場に侵入し、荒らされた状態を作り出したと強く疑われる、とした。

しかし、整理ダンスの他の引き出されたような跡がある引き出しからも、被告人Sの指掌紋は採取されておらず、他のタンスの引き出しも少し引き出されていたが、Sの指掌紋は採取されていない。これは他の者が整理ダンス周辺などの状況を作り出した可能性を示唆するものである、とした。

検察官は、おおがかりなDNA鑑定と指掌紋採取をしたが、被告人と被害者両名以外に不審な第三者のものは一つも発見されなかったと主張した。

しかし、DNA868点、指掌紋446点のうち、不明なものが多く、とくに指掌紋については29点を除き、大部分誰のものか不明だった。

したがって判決は、「不審な第三者の痕跡がなかったと評価するのは不適切である」とした。そして、この項の結論として、指掌紋からは、「せいぜい被告人が過去に本件網戸及び窓ガラス外側を触ったことがあるとの事実が認められる」にとどまり、「整理ダンス周辺の被告人の指掌紋も、それだけでは犯人性認定の決め手にはならない」とした。

消極的事情

さて、ここからが白眉のところである。判決は「（2）消極的事情（被告人の犯人性を否定する方向に働く事情）についての検討」に入る。

まず、凶器であるスコップから、被告人Sの指掌紋やDNAが採取されていない点についてである。スコップの柄からは、指掌紋は検出されず、被害者のDNA3点が検出されただけだった。判決は言う。

「犯人は少なくとも100回以上も本件スコップを激しく振り回しているから、仮に被告人が素手で攻撃したとすれば、手にまめができ、つぶれたりするなど手の表面の組織が若干でも傷付けられることが容易に想像できる。したがって、手袋でもしないかぎり、DNA鑑定可能な量の組織片が付着しなかったとは到底考えられないが、本件スコップに繊維片が付着していたという証拠はない。もちろん被告人がゴム手袋等を着用していたならば、繊維片等何らの痕跡もなかったことも説明できるが、他の場所に指掌紋を残しながら、スコップを握るときだけゴム手袋等を着用したとも考え難い」

このように、スコップから被告人Sの痕跡が全く検出されなかった事実は、Sの犯人性を否定する方向に大きく働く事情である。

そして以下のように続く。

「当時70歳という被告人が、体力的に、重さ1・6キログラムのスコップを100回以上振り回し、これだけの攻撃を出来たのかという点にも疑問をぬぐいきれない」

次に「本件犯行の目的」も消極的事情とされる。

「被害者夫婦の殺害態様は非常に激しく、かつ、執ようなものである上、攻撃が頭部や顔面に集中していることからすると、むしろ、怨恨目的の犯行であることを疑わせるものである」

被告人と老夫婦は一面識もなかったので、被告人が怨恨を抱くことは考えられない。物色された形跡があるところには、すぐにわかるところに現金入り封筒など多くの金品があったが、手つかずであった。老夫婦宅から何かが奪われたという証拠はなく、事件後、被告人Sの金回りが急によくなったということもなかった。

こうして判決は「そもそも犯行の目的が金品目的の強盗であったのか自体に疑問が残ることも、犯人性を否定する方向に働く事情である」とした。

「被告人が犯行と結びつく痕跡が発見されていないことについて」も消極的事情である。警察は、被告人Sが住んでいた姉方から洗濯機のごみまで持っていくほど徹底した捜索差押を行った。Sの衣類、靴、眼鏡、自動車には血液反応が出ず、老夫婦が殺害された8畳の和室に飛び散り、犯人が踏んだと思われる蛍光灯管の破片などの微物もなく、現場とつながる土砂、現場足跡とつながる靴も発見されなかった。

逮捕までの10日間に小さな血痕だけでなく微物に至るまで完璧に証拠を隠滅することは困難と考えられるし、Sがそのような証拠隠滅に及んでいたとの証拠もない。

「犯人の行動に一貫性がないと思われる点について」も消極的事情だ。判決は、以下のように述べる。

「犯人は、電話線を引きちぎるなど相当計画的に行動しているようにも見える反面、畑に刺してあったスコップを使ったうえで、血のべっとりと付いたスコップを無造作に放置し、整理ダンス付近を乱暴にかき乱しながら、目の前にある現金等を残すなど成り行き任せに行動している面もうかがえる。仮に被告人が犯人とすれば、このようなちぐはぐな犯行を実行しつつ、指掌紋やＤＮＡの重要な痕跡を残し、徹底した証拠隠滅に及んでいることになり、行動の不自然さは一層際立ち、この点でも被告人を犯人と断定するには違和感がある」

ここで示されている疑問は、例えば、怨恨目的の犯人の何かの重要書類を探す行動、あるいは物盗りを偽装する行動などと、物盗りの被告人Ｓの室内での行動とが入り乱れており、ひとりの人物による統一的な犯人像を描き切れない、とするものであろう。

最後に判決は、被告人の供述について検討を加える。判決は、「被害者方に一度も行ったことがない」という被告人供述について「嘘であることは明らかである」とする。しかし、嘘をついた理由が、本件犯行を隠すためであるかどうかを解明できていないため、被告人が嘘をついているという一事をもって、ただちに被告人を犯人であると認めることはできない、とした。

こうして判決は「刑事裁判の鉄則である『疑わしきは被告人の利益に』という原則に照らして」被告人に無罪の判決を言い渡した（求刑は死刑）。

検察官は控訴したが、控訴審係属中の２０１２年３月10日、被告人Ｓが死去し、公訴棄却により裁判は終了した。

情況証拠のみで有罪とするには

大阪母子殺害放火事件の最高裁判決で示された準則（下級審において拘束力のある事実認定上のルール）は、藤田宙靖裁判官（行政法学者出身）の補足意見にわかりやすく述べられている（第1部第5章〈ケース13〉）。

要約すれば、情況証拠のみで犯人性を認定するためには、①被告人が犯人だとすればすべての情況証拠を矛盾なく説明できるだけでは足りず、②被告人が犯人でないとすれば情況証拠を説明しえないことが必要であり、他の仮説によってもそれらが説明可能ならば、被告人が犯人であるとの証明はされていない、というものである。

本件の説示を同準則に当てはめると、以下のようになる。

①積極的な情況証拠だけでなく、消極的情況証拠をあわせて総合評価すると、被告人が犯人だとすればすべての情況証拠を矛盾なく説明できる、ことにはならない。

②被告人以外に、他の第三者が怨恨目的などで犯行を行い、それと近い時間帯に、たまたま被告人がどろぼう目的などで入ったという仮説によって情況証拠を説明することが、可能である。

したがって、①、②いずれの命題も成り立たない、ということとなろう。

この裁判員裁判の判決は、まず、積極的情況証拠である指紋やＤＮＡからの推認力を限定的に理解しており、消極的情況証拠の検討が詳しく、説得的であると思う。

次に、被告人が嘘をついたことは明確に認めながら、同時に、それだけでただちに被告人を犯人と認めることはできない、としている点が注目される。

例えば「本当は窃盗目的で侵入していたが、そのように言えなかった」などの可能性を考えれば、被害者宅に行ったことがないと嘘をついたからといって、ただちに被告人を殺人犯人とはできないことは当然であろう。

しかし、職業裁判官は、被告人の供述の重要な部分に「嘘を付いた」ところがあれば、「被告人の弁解は信用できない」として、弁解全体の信用性を否定し、そのことをもって、有罪認定の有力な根拠の一つとしてきた。そこには飛躍があるのだが、職業裁判官は、全体の傾向として現実にそういう判断をしてきたと思う。それに対して、この裁判員裁判の判決は、「嘘を付いた」ことから推認しうる限界を冷静に引いている。

「想像による可能性判決」との違い

さらに「可能性」についての検討にも、この判決の特色がある。

ここでは判決文からの引用を割愛したが、いろいろな「可能性」をじつに細かく考えて、検察官や弁護人が主張していないことも、いろいろと検討している。それは、有罪方向だったり無罪方向だったりするわけだが、可能性を考えてはそれを否定するというプロセスはじつに長く、判決全体を読みづらくしているほどだ。

引用したなかでは、例えば、スコップを毛糸の手袋をして握った可能性や、ゴム手袋をして握った可能性について言及し、いずれも否定している部分がそうである。

私は、こうした可能性を考えては否定するというプロセスは、裁判官と裁判員による評議を反映したものではないかと思った。

私が「想像による可能性判決」（第6章）と評した職業裁判官の判決は、裁判官が有罪方向で考えた「可能性」が、評議の過程を経ずにそのまま判決の一部を形成しており、説得力が乏しい。そうした有罪方向での「可能性」が、これまで幅を利かせてきたのが現実である。

しかし私は、それは一般市民である裁判員に対して説得力を持ちづらく、まじめに評議が行われれば、評議を通過しにくいのではないか、と思っている。

本件では40日間という審理、評議日程が組まれた。こうしたゆとりのある日程のなかで、十分な評議が可能となったと考えられる。

少し脱線するが、私はこの事件で、昔読んだドストエフスキーの『カラマーゾフの兄弟』の一部を思い出した。父親殺しとして裁判にかけられた長男ドミートリーは、ふだん父親と激しく対立していて、「殺してやる」とまでメモに残していた。父親が殺害されたちょうどそのころ、長男は父親が奪われた紙幣とほぼ同額の紙幣を持って父親の邸宅の塀をよじのぼって中に入り、執事に乱暴したため返り血を浴びた。しかしじつは、父親は異母弟スメルジャコフにより殺害されていた。

小説では、このように偶然が重なることに、読者も納得する。しかし、日本の職業裁判官はそうした偶然の重なりの可能性には全然納得せず、有罪としてきた。例えば杉並女子看護学生殺し事件（1989年、最高裁で上告棄却により有罪確定）、鶴見事件（2006年、最高裁で上告棄却により有罪確定）など、近接して二つの別の犯行が重なるという可能性を認めてこなかった。その意味で、私はこの鹿児島老夫婦殺し事件判決は、裁判官裁判の「暗黙の壁」を破ったように思う。

その理由は、本判決には裁判員が参加したからだろうか。これにはいろいろな見方がある。

私はやはり、大阪母子殺害放火事件の最高裁判決の影響と、裁判員の存在抜きには、この点は説明しにくいように思う。私は、大阪母子殺害放火事件が示した準則が、裁判員裁判を通じて日本社会に根を下ろすことが大切だと思うのである。

以上、この章では裁判員裁判の判決例を、わずかではあるが検討してきた。私はこれらをもって裁判員裁判のすべてをよしとするつもりは全くない。しかし、市民参加による冤罪防止の可能性が見える判決として、積極的に評価したいのである。

最終章となる次章では、裁判員裁判を複眼的に検討しつつ、見直しのための基本的な視点を示したい。

第９章

冤罪・誤判防止のために、裁判員制度はどう変わるべきか

施行後3年を経ての見直し

裁判員法（正式には「裁判員の参加する刑事裁判に関する法律」）の附則第九条は、裁判員法施行3年後の検討、見直しを定めている。施行3年経過後から、必要があれば見直しを始めるというものである。

前章で紹介したように、これまでの裁判員裁判の判決のなかには、冤罪・誤判の防止機能をはたしたものが少なからず存在すると私は考えている。裁判員裁判は、一般市民の刑事裁判に対する関心を高め、２００９年以降の最高裁判決のあらたな流れ（学者によれば「事実認定適正化のための第二の波」などと呼ばれる）と連動し、日本の刑事裁判の姿を変貌させつつあると思う。

しかし、以下は前々章の続きだが、日本的な「捜査のあり方」の現状と、「裁判員に負担をかけられない」ことを第一として設計された裁判員裁判の「審理のあり方」の組み合わせにはそもそも無理があるのではないか。

無制限に許される捜査を、短縮化した審理で十分に批判的に検討できるのか、との疑問からだ。そうした「捜査のあり方」「審理のあり方」をつなぐものとして「公判前整理手続」というフィルターが設けられた。これは、刑事裁判で公判前に争点と証拠を絞り込む手続きである。ところが、このフィルターによる濾過《ろか》過程にも問題があり、あらたな誤判の危険の芽がある。

これらのことは、第一審公判から初めて参加する裁判員には見えづらい。第一審公判は、いわば表舞台であり、できるだけ「わかりやすく」行われている。しかし、裁判員抜きで行われるその舞台裏を見ることなく、裁判員裁判の現状を適切に評価することはできない。そこでこの最終章では、捜査、公判前整理手続、審理、評議、評決、さらに上訴審のあり方を含めて、冤罪・誤判防止機能を強化するための見直しを提言したい。法律制度の改善も「弁護士の使命」として弁護士は努力しなければならないからである(弁護士法第一条二項)。

「証拠の量を減らす」ことが「捜査の不可視化」を招く

現在の裁判員裁判では「裁判員に負担をかけられない」ということが最重視されている。そのために公判前整理手続で分刻みの審理計画を策定し、審理計画どおりに進行させる。ある元裁判員は「まるで決められたレールの上を走らされているようだった」と、裁判についての感想を述べているが、そのことを感じ取ったのであろう。

実務指針とされた裁判員裁判の「審理のあり方」を確認すると「裁判員に負担をかけられない」=「審理日程を短縮化する」=「争点を減らし、証拠の量を減らす」=「分刻みの審理計画を立て、審理計画からの逸脱をゆるさない」＝「裁判の迅速化をはかる」というふうになっている。

このことは、第7章で述べたように「裁判員に負担をかけられない」ため「証拠を厳選」するという大義名分のもとに、捜査側に不都合な部分が隠蔽《いんぺい》されることにならないだろうか。

日本の「捜査のあり方」では、例えば、警察官が被疑者に自白を迫り「私がやりました」と言わせる。それは始まりに過ぎず「どうやったのか」の説明を求める。そして、被疑者が「正解」に達するまで許さない取調べが続けられる。自白過程で、被疑者は、事件現場の状況だとか、凶器はどういうものだったか、などについて供述を二転三転させつつ、最終的に何とか「正解」に達する。それまで苦しんだ分、ストーリーを暗記している。こうして何十通も自白調書が作成されるが、最後に検察官が「総仕上げの一通」を作成する。

「裁判員に負担をかけられない」から「証拠の量を減らす」といって、検察官が「総仕上げの一通」の供述調書だけを請求し、ＤＶＤ録画により取調べを一部「可視化」し、自白調書の「任意性」を立証することが、考えられる。そのＤＶＤには、例えば、すでに暗記してしまったストーリーをすらすらとしゃべる被告人の姿が映されている。

これだけを証拠調べすれば、とても「わかりやすい」し、裁判は迅速化する。しかし自白をしながらも、事件を知らないために「正解」に達することができずに苦しみ、「ヒントをください」と捜査官にお願いをする被疑者の姿を見ることはできない。捜査の過程を見ることができなければ、裁判員は目隠しされたも同然であり、必然的に誤判に至るであろう。

くり返しになるが、現在の日本の「捜査のあり方」では、警察、検察がほとんど無限定に、被疑者や参考人の取調べをすることができる。社会的に抹殺されたMのことを思い出してほしい（第1部第1章〈ケース2〉）。そうした「捜査のあり方」のすべてを見せずに、都合のよい一部だけを見せること、捜査の過程を見せずに捜査の結果だけを見せること、そしてそのことが「裁判員に負担はかけられない」という名目で行われることは、きわめて危険である。

捜査の全過程の「記録化」と「証拠開示」を

とはいうものの例えば、何十通もつくられた自白調書を法廷で延々と「全文朗読」することが続くなら、市民が参加しやすい法廷を連日にわたって開くことはできない。

だからまず、日本の「捜査のあり方」が改革されなければならない。「裁判員制度の見直し」は、まず「捜査のあり方」の見直しから始めなければならない。具体的には、最大23日勾留できることになっている代用監獄制度を廃止し、被疑者の身柄拘束期間、取調べ時間を規制し、取調べに対する弁護人の立会権を保障するなど、無限定な捜査を制限することが、抜本的な改革となる。

しかし、「捜査が無限定」であるばかりでなく、その「捜査の過程が見えない」ことにも、多くの問題がある。

そこでここではまず、「捜査、訴追側にとって都合のわるい捜査の過程を隠すことができる制度」に絞り、改革を提言したい。そこでは、記録化と開示がキーワードとなる。例えば志布志事件では「取調べ小票」などの内部文書が、朝日新聞社に提供され報道されたが、法廷には一切提出されることはなく、証拠調べされなかった（第1部第1章〈ケース3〉）。この「取調べ小票」などのもっとも不都合な証拠は、最後まで検察官が隠していた。しかし「取調べ小票」などが作成されることとすらなかったならば、内部文書の報道もなかったことになり、さらにこわいことになる。

必要なのは、捜査の全過程を記録化し、それを弁護人に開示することである。現在「被疑者取調べの可視化」が段階的に試行されている。「被疑者取調べ」という捜査過程にかぎられてはいるが、その記録化と開示の試みの一つと考えられる。

捜査過程を明らかにするための9つの提案

以下にあらためて、私が必要だと思う点を9点あげる。

(1) 捜査全過程の記録化

まずは「記録化」が証拠開示の前提となる。記録化すらされていなければ、開示すべき対象が存在しないからだ。韓国の2007年改正刑事訴訟法には「捜査全過程記録化」の規定があり、参考にすべきである。

(2) 被疑者取調べの全過程の録音、録画化

これは、警察、検察がひどい取調べを行わないように監視するというだけではない。たとえ被疑者が虚偽自白に落ちたとしても、「どうやったか」と問われて答えられず、「正解」に達するまで許されない取調べが行われていたことが録音や録画に残れば、被疑者が事件を知らないこと、すなわち無実であることがわかる。供述心理的な分析の一次資料となることに、大きな意味がある。

また、全部ではなく「一部可視化」することは危険である。

例えば、海外の例になるが、アメリカの「セントラルパーク・ジョガー事件」では、5名の少年が集団暴行、レイプにより逮捕された。少年らは、犯行の様子を検察官の前では暗唱して語り、ところどころつかえた場面は、事務官がビデオカメラの前をパンフレットで覆い隠している。この自白場面の一部録画により、少年らは全員有罪とされた（1990年）。しかしこの判決は、2002年、真犯人の自白とDNA鑑定により、ニューヨーク州最高裁で取り消された。その後同州では、「全面可視化」が行われている。

（3）参考人取調べの全過程の録音、録画化

参考人取調べにも危険がある。裁判員裁判では「直接主義、口頭主義」が強調される。したがって、証人が直接、法廷で口頭にて証言したことが重視される。これ自体はよいことと考えられるが、参考人への無制限な事情聴取が許されているもとでは、危険な一面もある。

日本の「捜査のあり方」のもとでは、目撃者など参考人が何度も事情聴取を受けるうちに、捜査官から与えられた情報が原初記憶（最初の記憶）を汚染してしまい、その汚染に証言者自身も気がついていないことが多い。事件から証言台に立つまでに、長い時間が経過している。その間、他から与えられた情報により、記憶は変容してしまっている。

例えば、被害者が法廷で証言をする。被害の状況を切々と訴え、涙ながらに犯人の容貌のこまかい特徴を描写し、犯人はこの法廷にいますか、指さしてください、と検察官に問われて、被告人を指さす。被告人が犯人に間違いありません、と確信を示す。これはとても「わかりやすい」。

しかし、最初の写真面割りのときに、1枚に絞り切れず3枚の写真を選び、そこからさらに迷いながら2枚の写真を除外したのかもしれず、写真帳の構成に問題があったかもしれない（第1部第2章〈ケース4〉）。

私が担当した裁判では、参考人が、最初は犯人の特徴として「あばた面」と描写していたのに、写真面割りや「単独面通し」の後、被疑者にその特徴がないことに気がついてその描写が消えたり、当初述べていなかった「ほくろ」が後に加わったりする事例があった。事情聴取をくり返すたび、犯人の容貌の言語的な描写は詳細化し、被告人の容貌そのものになっていくのである。

弘前大教授夫人殺し事件では、被害者の母親は、最初は「顔は暗くてよく見えなかった」と供述していたのに、被疑者との面通しの後「あまりにそっくりで卒倒しそうなほどだった」と供述し、誤判原因の一つとなった（第1部第4章〈ケース8〉）。

（なお、2010年の村木元厚労省局長事件では、上司や部下、団体役員など参考人の取調べ過程において、しゃべりもしないことを検事が勝手に作文してきて、署名、押印させることがくり返された。起訴されたときには、そうした参考人調書で、村木氏は周囲を完全に包囲されていたのである）。

欧米では、参考人の事情聴取の録音、録画化は広く行われている。アメリカ、カリフォルニア州のマクマーチン事件では、マクマーチン幼稚園の経営者や職員ら7名の被告人が、子どもらに対する性的虐待をしたとして200個以上の訴因で起訴された。しかし子どもらに対するカウンセラーによる事情聴取過程がビデオ録画されており、人形を使って子どもたちを誘導する姿が明らかとなった。

子どもたちの供述は、親や警察官、カウンセラーらにくり返し誘導され、想像と現実を混同しやすい子どもの特性から、架空の物語を語ったとされ、第一次陪審は6名の被告人を無罪とし、1名についても52の訴因につき無罪（残り13の訴因は評決不能）、第二次陪審で審理打ち切りとなった（1990年）。陪審員らは「あのビデオが決定的だった」と記者会見で述べた（この事件はのちに、映画化された。邦題『誘導尋問』）。

このように、捜査過程における記憶の変容を明らかにしうる記録化とその開示が行われなければ、危険である。

（4）物証の採取、保管過程の記録化

村木元厚労省局長事件では、押収されたフロッピーディスクのデータが捏造された。こうした物証に対する作為は、鹿児島夫婦殺し事件における陰毛のすりかえ、浦和の覚せい剤事件における尿のすりかえなど、過去に少なからず起こってきた。足利事件も、DNA鑑定試料の取り違えが疑われる事例である（第1部第4章〈ケース9・10・11〉）。証拠の性質ごとに、採取、保管の過程の連続性を保証する措置が必要である。例えば、交通事故現場から塗膜片を採取したならば、少なくともその場面を録画するなどである。物証がハードディスクに残されたログであれば、押収時に複製をつくって「ハッシュ値」をつけ、被押収者にも交付するなどである（「ハッシュ値」をつけると、少しでも改竄《かいざん》があれば、その数値が動き、わかってしまう）。

（5）再鑑定の保障のための、捜査側鑑定における全量消費の禁止

このことは、犯罪捜査規範（1957年施行）第一八六条に「血液、精液、だ液、……等の鑑識に当たっては、なるべくその全部を用いることなく一部をもって行い、残部は保存しておく等再鑑識のための考慮を払わなければならない」とすでに規定されているが、全く遵守されていない。DNA鑑定については、被疑者が特定されてから初めて、現場に遺留された犯人のDNAの鑑定を実施すること、その鑑定試料を全量消費することの2つが、長らく警察庁の指針であった。しかしこれが取り返しのつかない間違いにつながりうることは、足利事件（事件時の技術では、再鑑定不能だった）や、飯塚事件（足利事件を通じて問題があることがわかったMCT118ローカスのDNA鑑定と繊維鑑定のみで犯人性を認定し、2008年死刑執行）の例によってわかる。北陵クリニック事件も、大阪府警の科捜研が「筋弛緩剤」が検出されたとしながら、患者の血液を「全量消費」してしまったために、確認がむずかしくなっている事件である。

（6）被疑者、被告人に有利になりうる物証の収集・保全の義務化

先に、裁判員裁判のクレジットカード詐欺の事件で、防犯ビデオが録音機能付だったにもかかわらず、音声が証拠化されず、上書きされてしまったケースを取り上げた（第2部第8章〈ケース14〉）。痴漢事件で、手指に付着した繊維片やDNAが採取されないことも多い。また、大阪母子殺害放火事件では、階段踊り場の缶製灰皿から採取した吸い殻71本が、大阪府警により廃棄されてしまった（第1部第5章〈ケース13〉）。

（7）警察からの全証拠の検察への送付義務の明文化

警察は、必ずしも捜査資料をすべて検察に送付していない。

警察官2名が「運転中の犯人は被告人だった。現場は明るかった」と偽証した事件では、車内遺留品が検察官に送付されず警察署の倉庫に眠っていた（第1部第3章〈ケース6〉）。全証拠を検察に送付することを警察に義務付ける立法が必要である。

（8）検察官による全証拠の目録一覧表の作成、交付義務

検察は、全証拠の目録一覧表を弁護人に交付すべきである。

（9）検察官による証拠の全面開示義務

そのうえで、検察官は、全証拠を弁護人に開示すべきである。これまでの冤罪事件では、必ずと言ってよいほど、検察官が被告人に有利な証拠を隠しており、それが開示されたことが最終的に無罪判決に至る大きな要因となっている。

以上「捜査の過程」を明らかにするための提案を行った。

公判前整理手続がフィルターとして正しく機能するために

日本の「捜査のあり方」と裁判員裁判の「審理のあり方」をつなぐ役割をになわされるのが、「公判前整理手続」である。

裁判員裁判では、裁判員に負担をかけられない。そこで、争点を絞り、証拠の量を減らし、審理期間を短縮化し、審理計画を策定するために、公判前整理手続が行われている。しかし、「わかりやすいとは情報量が少ないことだ」として、たんに省略化が行われることになりがちだ。

私は、争点や証拠の量を絞ること自体に、必ずしも反対しているわけではない。捜査で収集・保全された証拠のなかには、公判で証拠調べをする必要性がないものもたくさんある。

しかし「証拠の量を減らす」には、「すべての証拠が開示されている」ことが大前提となると考えるのだ。そのうえで、証拠をふるいにかけるべきである。そのほかにも、冤罪・誤判防止のために改正したほうがいいと思われる点がいくつかある。

以下に、公判前整理手続改正のための提言を9点述べたい。

（1）検察官の証拠開示義務

刑事訴訟法一部改正（2004年）により、公判前整理手続において、検察官の証拠開示の規定が新設された。現在の証拠開示制度は、次の3つの段階がある。

①検察官が請求した証拠の開示

②検察官が請求した特定の証拠の信用性判断のための証拠開示
③被告人、弁護人の予定主張明示が義務化されたため、その主張に関連する証拠開示

①は、検察官が何を請求するかは検察官の自由であり、②、③は検察官が第一次的判断権者とされ、それに不服があるときは弁護人が裁判官に裁定を求めることとなっている。

しかし、検察官による全証拠の目録一覧表の交付がないために、どんな証拠があるのか、弁護人にはわからない。そして、①の検察官が請求する証拠が少なければ少ないほど、②の検察官が請求した特定の証拠の信用性を判断するために必要な証拠の範囲は限られてくる。また被告人、弁護人の「予定主張の明示」は裏付けなしに行うこととなり、その後、③それを裏付ける証拠があるかどうかを検察官が手持ちの証拠のなかから確認することになっている。

このような複雑なしくみが、公判前整理手続を長期化させている。

そこで私は、前述のように、検察官に全証拠の目録一覧表の交付義務とすべての証拠の開示を義務づけるべきだと考える。そのことにより「捜査の過程」を被告人、弁護人に明らかにさせ、徹底的に批判的に検討する機会を与えなければならない。何が、どうしても取調べられなければならない証拠で、何がそうでないかは、全証拠が開示されなければ的確に判断できない。「証拠の量を減らす」のは、全面証拠開示を前提としなければできな

い作業である。

欧米諸国では、検察官に証拠の全面開示義務が課されている。例えば、大陸法圏では、それは当然のこととされている。英米法圏では、アメリカではすでに、1963年の連邦最高裁判決が、検察官に被告人に有利な証拠の開示を義務付け（ブレディ判決）、このことにより検察官には事実上全面開示が義務付けられた。またカナダでは、1991年の最高裁判例が「検察の手中にある捜査の成果は、有罪を確保するための検察の財産ではなく、正義がなされることを確保するために用いられる公共の財産である」と判示している。これが世界の潮流なのである。

検察官によるこうした権力の保持は冤罪、誤判を生みつづけるであろう。

（2）裁判官の証拠採否の決定および「証拠の厳選」規定

前述のように、私は必ずしも、検察官から全面開示された証拠を、すべて法廷で取調べるべきだとまでは思っていない。不要な証拠はたくさんある。

現行法では、裁判官が証拠の採否についてほとんど無制約と言ってよい裁量権を持っている。そのうえで「証拠の厳選」規定に基づき、裁判官が取調べるべき証拠をさらにふるいにかけるのであるが、そのふるいのかけ方が問題となる。

前述のように「単なる省略化」に終わる可能性があるばかりか、捜査過程のもっとも捜査側、訴追側にとって見せたくない部分がふるいにかけられてしまい、公判にあらわれない可能性すらあるのである。

私は、裁判官の証拠採否の裁量権に制限をかける必要があると考える。捜査過程の歪みを明らかにする証拠や、被告人に有利となる証拠については、関連性が認められる限り、すべて採用されるべきだと考える。

(3)「公判前整理手続」担当裁判官と「公判」担当裁判官との分離

刑事訴訟法一部改正（2004年）により、公判前整理手続を担当する裁判官と、公判を担当する裁判官は同一とされている。

しかし、このやり方では、裁判官の心証のかなりの部分が、事実上、公判前整理手続において形成される危険があり、刑事訴訟法の理念である予断排除原則に反する。

また、そのことで、裁判官と裁判員との間に、事件についての「情報格差」が生じる。公判前整理手続で争点を絞り、証拠の採否を決めて、審理計画まで策定した裁判官と、まったくの白紙で公判に臨む裁判員との間には、圧倒的な情報格差がある。もともと、刑事裁判の専門家と素人という差があるうえに、「情報格差」まであると、評議、評決過程において、裁判員は、結局は裁判官の意のままになるおそれがある。たしかに、裁判官は公判前整理手続では証拠を見ることはできない。しかし、その証拠の持ちうる意味、それが全体の証拠関係において占める位置などは十分に理解しており、そのことが、初めて証拠を見るときに大きく寄与する。

そこで私は「公判前整理手続」担当裁判官と「公判」担当裁判官を分離すべきだと考える。

アメリカでは、裁判官は事実認定に一切かかわらない。しかしそれでも州により、公判前手続を専門に担当する裁判官が配置され、公判を担当する裁判官と分けられている。そのような例を導入することにより、裁判官が公判前整理手続で策定する「審理計画」によるスケジュール管理にも多少のゆとりが生じてきて、法廷が生き生きしてくるであろう。現状では裁判官の権力が強く保持されすぎていると私は考えている。

（4）被告人の予定主張明示義務の見直し

刑事訴訟法一部改正（2004年）により、公判前整理手続において被告人、弁護人は、公判での主張があるときは、公判前整理手続において必ずこれをしなければならない、とされた。「予定主張明示義務」という。それをしなければ、前記の証拠開示③「主張に関連する証拠の開示」を受けられないという不利益を負う。

官僚司法側は、被告人、弁護人の「予定主張明示義務」こそが、審理の短縮化（＝裁判員の負担軽減＝裁判迅速化）のポイントだと考えている。争点とならない部分は、大幅に検察官の立証を削減できるからである。

しかし、被告人には黙秘権がある。予定主張明示義務は、公判前整理手続中に被告人に主張を義務づけ、これをしなければ現実の不利益を受けさせるものであるから、被告人の黙秘権を侵害している。

見直し案としては、被告人・弁護人が予定主張明示義務を負うのは、アリバイや正当防衛、責任能力を争うなど、弁護人が積極的な主張を予定するときに限定すべきであり、その時期も、検察官から全面的な証拠開示を受けた後に限るとすべきである。

以下は弁護人の防御権と、この防御権が弱められたことに対する見直し提案を述べる。

（5）弁護人の立証準備の期限について

刑事訴訟法一部改正（2004年）により、裁判官が、弁護人が証拠を請求できる期限を決め、期限を守らない場合、公判前整理手続が終結され、弁護人はその後の立証が制限されることとなった。

しかし、警察から証拠が送付され、そこから選り分ければ足りる検察官と異なり、弁護側立証は、証拠が全くない状態からスタートする。

検察は、被告人はすべてを知っているのだから（「ホシは何でも知っている」）、立証準備に多くの時間はいらないなどと述べるが、これでは被告人が有罪であることを前提とした議論になってしまっている。

無実の被告人は、往々にして「事件のことは何も知らない」のである。例えば板橋強制わいせつ事件の被告人は、事件時に「家にいてテレビ中継でプロレスを見ていた」だけである（第1部第2章〈ケース5〉）。科学鑑定の信用性が争点となる事件（第1部第1章〈ケース1〉、第4章〈ケース12〉など）はとくに、弁護側立証に入念な準備が必要となり、本当に時間がいくらあっても足りないほどだ。

したがって「期限を決めるにあたり被告人、弁護人の防御権を十分に保障しなければならない」との規定を加えるべきである。

（6）弁護人の公判前整理手続終了後の立証制限の見直し

刑事訴訟法一部改正（2004年）により、公判前整理手続が終わった後は「やむを得ない事由」がなければ、あらたな証拠を請求することができないとされるようになった。このことも、分刻みの審理計画の策定と、スケジュール管理至上主義（＝審理の短縮化＝裁判員の負担軽減＝裁判の迅速化）と関連している。公判後に、あらたな証拠調べ請求がされ、それを採用するとなると、審理計画どおりの進行が大幅に乱れるからだ。

御殿場事件という少年事件があった。

2001年9月16日、ひとりの高校生の少女が、帰宅が深夜になったことを母親にとがめられた。少女は、元同級生を含む10名に公園で強姦されたと母親に述べ、翌17日被害届が提出された。少年らが逮捕され、そのうち数名が9月16日の犯行を自白したが、後になって「本当はやっていない」と述べた。否認した少年らは、家庭裁判所から検察官に「逆送」されて刑事裁判にかけられた。

弁護人が少女の携帯電話の履歴から調査したところ、その9月16日、少女は、都内のある男性とホテルを利用し、そのため帰宅が遅くなったことがわかった。弁護人は、公判の少女に対する反対尋問で、携帯電話の履歴を示しながらそのことを追及したところ、少女はただ絶句するばかりだった（後に相手の男性も、同日のホテル利用を証言した）。

ところが検察官は、犯行は1週間前の9月9日であったとして訴因（検察官の主張のこと）を変更した。しかし、9月9日は台風が接近し、公園にはかなり雨が降っていたが、少女は服が濡れたとか、そうしたことを一切述べていなかった。驚いたことに、この証拠関係でも少年らは有罪とされた（2012年4月現在、再審請求準備中と聞いている）。それでも、少女に対する反対尋問には、絶大な効果があったことは間違いない。

この事件で、仮に、公判前整理手続が行われ、弁護人が「少女は犯行があったとされる日には都内の男性とホテルを利用していた」と「予定主張の明示」をして、携帯電話の履歴を証拠請求し、相手の男性を証人として請求していたらどうなっただろうか。検察官は先回りして訴因を変更し、少女は、最初から9月9日の犯行として証言をし、反対尋問に対してもあらかじめ用意した答えをすらすらと述べたであろう。

そのようなことを避けるためにも、私は、公判前整理手続終了後の弁護人の証拠調べ請求の制限は、相手方の証人の信用性を低下させるための証拠（弾劾証拠という）には適用すべきでないと考える。

奴隷解放の父とされるアメリカのリンカーン大統領は、もとは弁護士だった。ある殺人事件の被告人を弁護していたが、目撃者は、被告人が深夜、森の中で被害者を銃撃する様子を見ていた、と証言した。「深夜なのにどうして見えたのですか」との問いに、証人は、「月明かりで煌々《こうこう》としていました」と答えた。リンカーンは胸ポケットから月齢表を取り出し、この日、月が出ていなかったことを明らかにして問いただした。被告人は救済され、じつは目撃者と称する男が犯人だったことがわかったという。もし、月齢表を事前に提出させられ、「その日は月が出ていなかった」などと「予定主張」させられていれば、すべては台無しではないのか。

(7)公判前整理手続の公開の保障

公判前整理手続は非公開とされているが、その重要性に鑑み、公開すべきである。私たちは、困難な事件については、裁判支援者たちとたたかってきた。公判前整理手続を非公開にすることは、裁判支援を困難にするのである。

(8)検察官開示証拠の目的外使用の禁止規定の廃止

2004年の刑事訴訟法一部改正により、検察官が開示した証拠を、被告人、弁護人が審理準備の目的以外の目的で使用することが禁じられた。裁判が確定した後も同じである。これを破れば、被告人は刑罰に処せられ、弁護人は懲戒請求等を受ける。この規定は、刑事訴訟法一部改正で、前記の証拠開示の規定が新設されたことに伴い、検察側からの強い主張で新設された。

例えば、鑑定人に証拠を見せることは審理準備の目的だが、ルポライターなどに見せることなどは目的外使用となる。裁判支援はどうなるだろうか。

かつて松川事件で広津和郎氏が、布川事件で佐野洋氏が、名張毒ぶどう酒事件で江川紹子氏が記録を読んで本を著している。これらは、裁判支援の大きな力となった。

しかしこれからは、記録を提供した弁護人は、懲戒請求を受けかねない。これは、裁判支援の妨害であるばかりか言論・出版の自由に対する重大な制約である。

検察は「確定記録の閲覧」の申請をすればよいと主張する。その申請に対して閲覧の許可を決定するのは、確定記録を保管する、ほかならぬその検察庁であるが、これまで言論、出版目的で許可された例を聞いたことはない。

法曹養成の目的ですら、弁護人には記録の使用が禁じられている。法科大学院の教授である弁護士が、検察官請求証拠の開示にあたり、「授業に使わない」との誓約書を書くことを検察庁に要求され、拒否したことがあった。

興味本位に記録を公表することなどは当然禁じられるべきだが、現状の広汎な禁止は表現の自由、とりわけ国民の「知る権利」を侵害し、違憲にあたると私は考えている。

（9）審理計画の策定はゆるやかに

分刻みの審理計画を立て、スケジュール管理至上主義的な運用を行えば、真相解明がおろそかになるであろう。審理計画はゆとりを持って立て、それに拘束されすぎないことが必要である。現在は、判決言い渡し日時まであらかじめ予定されている。しかしそれでは、評議も「時間切れ」により多数決で決めるほかなくなる。

審理では、裁判員に対する適切な説示を

裁判員法は、裁判員選任手続の終了時に、裁判長から裁判員に対して、無罪推定の原則について説示をすると定めている。

このときに、例えば「3つのことを言います。裁判は証拠だけにもとづいて行われます。検察官に証明責任があります。その証明は『常識に照らして間違いがない』ことです」などと早口で説明される。

選任手続の終了直後だから、裁判員はまだ自分が選ばれたことへの驚きのなかにある。裁判所の雰囲気にも馴染まず、圧倒されている。「説示」を注意深く聴ける状態でない。だから、説示は、そのようなときだけではなく、公判審理の冒頭にゆっくりと行うべきで

ある。

また、説示の内容についても述べておきたい。

「疑わしきは被告人の利益に」、「検察官に証明責任があり、合理的な疑いを超えた証明が必要である」ことは、近代刑事裁判の「鉄則」である。

前にあげた裁判長の説示例の「常識に照らして間違いがない」という表現は、わかりやすく言い換えたつもりだろうが、平板でなかろうか。私にはそう感じられる。

最高裁判決には、この原則を格調高く説明したものがある（たとえば先にあげた大阪母子殺害放火事件の前の補足意見など）。そうしたものを読みあげて、裁判官がわかりやすく説明するべきであろう。

私がそう思うのは、以下の理由からだ。

一般市民が司法に参加する大きな意義の一つは、何のしがらみもなく「疑わしきは被告人の利益に」の原則に忠実に、判断しうるところにある。しかし、そうした原則をそもそも知らない一般市民も多い。そのことを考えると、刑事裁判の基本原則についての適切な「説示」は、決定的に重要だと思うのだ。

評議・評決について

評議・評決についてはどうだろうか？　ここでは2点について述べたい。

(1)単純多数決でよいか

裁判員法は、評決について単純多数決制度を定めている。5対4の多数決でも、有罪でよい（ただし少なくとも裁判官1名が多数に入らないといけない）。裁判官3名が有罪で結束すれば、裁判員6名のうち2名が賛同すれば有罪とできる。情報格差があるうえ、刑事裁判の専門家である裁判官が、裁判員6名のうち2名ほどを説得することは、容易であろう。

英米法圏の陪審制度では評決は全員一致が原則であり、大陸法圏では、例えばフランスは裁判官3名、陪審員9名の構成であるが、有罪には3分の2以上の賛成が必要である。裁判官3名が有罪の意見でも、陪審員5名以上が賛同しなければ、有罪判決は出せない。すなわち一般市民の過半数（9名のうち5名）が賛成しなければ有罪とできない。これが大陸法圏における重要な抑制原理であるらしい。

裁判員法でも、被告人に対する有罪判決は3分の2以上の特別多数決制とし、さらに、裁判官、裁判員それぞれの過半数を必要とすると評決要件を改正すべきである。

（2）裁判員、補充裁判員であった者の守秘義務の緩和

裁判員法は、裁判員に対して守秘義務を課し、「評議の秘密」などを漏らしたときは刑罰に処せられる。「評議の秘密」とは、どのような意見が出たか、その多少の数、評議の経過などといったことである。

裁判員の職務が終了しても、刑罰付の守秘義務は同じである。ただし、「感想」ならばいいことになっている。しかし、どこまでが「感想」で、どこからが「評議の秘密」なのかの判断はむずかしい。

そこで、判決後の記者会見は、裁判所の庁舎内で行われ、書記官が立ち会い、裁判員がしゃべっていいかどうかをチェックする「官製」のものとなっている。

「守秘義務」が課される理由は、評議における発言の自由を確保するためとされる。確かに判決前は、評議に対する外部からの影響を遮断するため、守秘義務が必要であろう。

しかし判決後は違う。裁判員裁判の検証を行うためにも、元裁判員が口を開くことがぜひとも必要である。私は、元裁判員の守秘義務の対象は「裁判員個人が特定される事項」に限定するべきであり、それで足りると考える。

実際に、裁判員らは、「裁判員3番」「補充裁判員2番」などと番号で呼ばれており、個

人名はお互いに明らかになっておらず、そうした心配もいらないぐらいだ。

アメリカでは、評決前、陪審員はホテルに缶詰めにされ、家族との電話すら禁じられるが、評決後は普通に記者会見を行い、何でもしゃべっている。陪審の評議内容を詳しく記述した本も刊行されている。

裁判員制度の下における上訴審のあり方

この点については、紙幅の制約により結論のみ述べる。

「疑わしきは被告人の利益に」は、控訴審、上告審にもつらぬかれる「鉄則」である。一審裁判員裁判が有罪であっても、上訴審は、２００９年以降のいくつかの最高裁判決が示したとおり、そこに合理的な疑いが残れば、必ず破棄すべきである。

他方、一審裁判員裁判が無罪であるなら、上訴審は破棄に慎重であるべきで、一審判決によほどの不合理が具体的に指摘できないかぎり、破棄すべきではない。

最後に、裁判員裁判の対象事件、裁判員制度の目的規定について述べる。


対象事件を否認事件に限り、被告人に選択権を

現行法は、裁判員裁判の対象事件を「死刑または無期を法定刑に含む事件、故意の犯罪行為により人が死亡した事件」など、法定刑が重い事件に限っている。

そこには、否認事件も自白事件も含まれている。

しかし、私は、裁判員裁判は、法定刑の重さにかかわらず、否認事件だけを対象とすべきだと考える。また、被告人に裁判員裁判、裁判官裁判のどちらを受けるか選択権を与えるべきである、と思う。

職業裁判官制度で、もっとも危険なのは、有罪かどうかの事実認定の誤りである。量刑が比較的軽い、執行猶予付きの懲役刑や罰金刑であっても、誤った有罪判決は、人の一生を台無しにしてしまう。

一般市民の常識は、具体的な量刑の判定ではなく、事実認定においてこそ生かされうる。例えば、痴漢の冤罪事件などだ。こうした事件にこそ、国民の司法参加が求められる。

ただし、裁判員裁判は、現状の問題——日本の捜査のあり方、公判前整理手続における不十分な証拠開示、被告人の早期の予定主張明示義務、弁護人の防御準備のための十分な保障が必ずしもないこと、スケジュール管理至上主義とでも呼ぶべき審理計画の策定など——が解決されなければ、今後も必ずしも被告人に有利に機能していくとは限らない。

したがって被告人に裁判員裁判を受けるのか、裁判官裁判を受けるのかの選択権を与えるべきなのである。

起訴内容を被告人が認めている自白事件では、国民の司法参加の必要性は否認事件に比べて高くないし、量刑判断だけが争点となるので、対象事件からはずした方がよいと私は考える（そう考える理由は、次項以下に述べる）。

ちなみに、現行法の対象事件は、実施前数年分の統計だと年間約三千数百件であった。否認事件は、全起訴人員の10パーセント以下であり、全起訴人員が約7万人として、否認事件は約7000件以下である。半分の被告人が裁判員裁判を選択すると仮定しても約3500件以下となる。訴訟経済上も無理がない。

裁判員に量刑判断を求める必要はない

対象事件を否認事件に限定した場合、一般市民に量刑判断を求める必要はない。日本のように法定刑に幅のある刑法のもとで、どの程度の刑罰を科すかを市民が選択するのは、むずかしいからだ。

「執行猶予付判決にするか、否か」などは比較的、一般市民の良識で判断しやすいと思われるが、現行法が対象としている凶悪犯罪において、無期懲役がふさわしいのか、懲役30年がよいのか、あるいは20年がよいのかという判断は、「常識」を超えていてむずかしい。

したがって量刑は、過去の「量刑データベース」を参考に決められている。

裁判員裁判と裁判官裁判の量刑傾向については、最高裁事務総局が、両方の量刑を統計にとり、重ね合わせたグラフを作成している。裁判員裁判においては強制わいせつ致傷、傷害致死などではっきりと「厳罰化傾向」があらわれているほかは、両グラフはおおむね重なっている。

厳罰化傾向

他方、裁判員裁判で「保護観察付の執行猶予付判決」が増えたことが指摘される。これは、一般市民の被告人の更生に対する期待があらわれた結果と考えられる。

現行の裁判員裁判の対象事件の多くは凶悪事件であり、被告人が「身近にいるかもしれない不幸な隣人」と映るか「理解を超えたモンスター」と映るかによって、量刑が二分化する傾向にあると指摘されている。

職業裁判官は、多くの事例を経験しているから「どのくらい悪いか」を他の事例と比較できる。裁判に初めて参加するということは、事実認定にあたっては「疑わしきは被告人の利益に」の原則に忠実であるという利点があるが、量刑判断にあたっては、初めての参加のための事件に対するショックが、厳罰化傾向を招くことになろう。

事実認定と量刑判断を、分けて行うことはむずかしい。

一般市民である裁判員は、ともすれば量刑判断に先に考えが及んでしまう。だから、事実認定過程において「反省していますか」と被告人に質問する裁判員が現れる。

これは日本の刑事裁判の制度設計において、事実認定と量刑判断の過程と、それを誰が行うかの役割分担がすっきりと分けられていないからだ。

冤罪・誤判の防止のための国民参加に

法律の多くは、その第一条で、制度目的を規定している。

裁判員法第一条は、裁判員制度の目的を「司法に対する国民の理解の増進とその信頼の向上に資する」としている。「裁判員制度・刑事検討会」で制度設計にたずさわった池田修元裁判官（元広島高裁長官）は、この目的規定について職業裁判官による刑事裁判がきちんと運営されていることが、参加してもらえればわかり、司法に対する「理解」と「信頼」が高まると述べている（「解説裁判員法」）。

裁判員制度の骨格を決めた司法制度改革審議会では、「国民の司法参加により一般市民の常識を司法に反映させる」ことが謳われた。しかし裁判員法の条文化にあたり、このことは明文化されず、同氏によれば、現状肯定を前提とした職業裁判官の自画自賛のようなことが制度の目的とされてしまった。

しかし、これでは話があべこべである。刑事裁判というのはまぎれもない権力作用である。そして現状の刑事裁判が多くの冤罪・誤判を発生させているからこそ、不断に権力を監視し、権力の腐敗を防止するために市民参加が導入されたと考えるべきなのである。

裁判員制度の目的は、「一般市民の常識を反映させ、冤罪・誤判を防止する」ことにある。裁判員法の条文も、そのように改めるべきである。

裁判員経験者の提言

２０１２年、裁判員経験者有志が、裁判員制度の改善を提言し、裁判所や検察庁、弁護士会などに配布している。やや長くなるが、その内容を一部抜粋したい。

（１）公判前整理手続は可能な限り裁判員に提示すること
（２）検察は証拠を原則すべて開示すること
（３）希望する裁判員候補者には刑務所見学を実施すること
（４）期日を超過したとしても評議時間は充実したものにすること

補足説明として、

「そもそも公判前整理手続は裁判の迅速化という表紙に隠された現実的な作業だと受け止めております」

「裁判官と裁判員との間に情報の格差が生じることは公平性、公正性に疑問が残ります」

「検察は公判前整理手続にあたって弁護人に対して保持する証拠リストをすべて開示していただき、弁護人は公平公正に適当な証拠を適切に開示請求する運用が望ましく、国民はあらゆる可能性を網羅できる土壌で裁判に参加できることを期待しています」

「ごく制限された時間枠の中で人の人生を左右するような答を決定しなければならない重圧は時にぶれを生じさせることもあります。……せめて一定程度の予備期日を事前に設けるか、たとえ期日を多少超過するようなことになっても裁判員が納得して評議が成熟するのであれば、それを受容するような柔軟な運用姿勢を構えてください。……刑事裁判の原則などのいわゆるルールは選任時だけでなく、随時わかりやすく説示を行い、時間に追われて基本的なルールが抜け落ちたまま議論が始まることがないように全員への理解を徹底してください」

などと書かれている。

私は、この経験者有志は、「裁判員に負担をかけられない」ことが至上命題であるかのようにして設計された現状の実務運用に疑問を抱いて提言をしているのだと思った。「裁判員に負担をかけられない」ことを至上命題とすることは、どうもよろしくない。それよりも第一に重視すべきなのは、人権の保障、真相の解明であろう。そうでなくては一体、何のために誰のために裁判をやっているのかわからなくなってしまいかねない。私は、まずはこうした「うわすべり」を防止すべきだと思う。そのうえで、人権保障が国際水準に達した裁判員制度への改革を望むのである。

謝辞

本書を書きながら、これは私が日ごろから多大なる影響を受けた諸先輩方、一緒に冤罪事件をたたかった弁護士や支援の皆さんなどから学んだことを、書いているに過ぎないことに気がつきました。あらためてご厚誼に感謝する次第です。

本書は、亡き父に捧げます。

２０１２年４月

今村　核

p.161、p.163、p.165、p.169図版：『冤罪弁護士』（今村核、旬報社）より転載

本書には、裁判資料などからの引用において、差別的で不適切な表現がありますが、事件や裁判を説明するために必要な記述として引用しています。

講談社現代新書　2157

冤《えん》罪《ざい》と裁《さい》判《ばん》

二〇一二年五月二〇日第一刷発行　二〇一九年五月二二日第四刷発行

著　者　今村《いまむら》　核《かく》　©Kaku Imamura 2012

発行者　渡瀬昌彦

発行所　株式会社講談社

東京都文京区音羽二丁目一二―二一　郵便番号一一二―八〇〇一

電　話　〇三―五三九五―三五二一　編集（現代新書）

〇三―五三九五―四四一五　販売

〇三―五三九五―三六一五　業務

装幀者　中島英樹

印刷所　大日本印刷株式会社

製本所　株式会社国宝社

定価はカバーに表示してあります　Printed in Japan

N.D.C.327　304p　18cm

ISBN978-4-06-288157-9

「講談社現代新書」の刊行にあたって

　教養は万人が身をもって養い創造すべきものであって、一部の専門家の占有物として、ただ一方的に人々の手もとに配布され伝達されうるものではありません。

　しかし、不幸にしてわが国の現状では、教養の重要な養いとなるべき書物は、ほとんど講壇からの天下りや単なる解説に終始し、知識技術を真剣に希求する青少年・学生・一般民衆の根本的な疑問や興味は、けっして十分に答えられ、解きほぐされ、手引きされることがありません。万人の内奥から発した真正の教養への芽ばえが、こうして放置され、むなしく滅びさる運命にゆだねられているのです。

　このことは、中・高校だけで教育をおわる人々の成長をはばんでいるだけでなく、大学に進んだり、インテリと目されたりする人々の精神力の健康さえもむしばみ、わが国の文化の実質をまことに脆弱なものにしています。単なる博識以上の根強い思索力・判断力、および確かな技術にささえられた教養を必要とする日本の将来にとって、これは真剣に憂慮されなければならない事態であるといわなければなりません。

　わたしたちの「講談社現代新書」は、この事態の克服を意図して計画されたものです。これによってわたしたちは、講壇からの天下りでもなく、単なる解説書でもない、もっぱら万人の魂に生ずる初発的かつ根本的な問題をとらえ、掘り起こし、手引きし、しかも最新の知識への展望を万人に確立させる書物を、新しく世の中に送り出したいと念願しています。

　わたしたちは、創業以来民衆を対象とする啓蒙の仕事に専心してきた講談社にとって、これこそもっともふさわしい課題であり、伝統ある出版社としての義務でもあると考えているのです。

一九六四年四月　野間省一

哲学・思想Ⅰ

66 哲学のすすめ――岩崎武雄
159 弁証法はどういう科学か 三浦つとむ
501 ニーチェとの対話――西尾幹二
871 言葉と無意識――丸山圭三郎
898 はじめての構造主義 橋爪大三郎
916 哲学入門一歩前――廣松渉
921 現代思想を読む事典 今村仁司 編
977 哲学の歴史――新田義弘
989 ミシェル・フーコー 内田隆三
1001 今こそマルクスを読み返す 廣松渉
1286 哲学の謎――野矢茂樹
1293 「時間」を哲学する――中島義道
1315 じぶん・この不思議な存在――鷲田清一
1357 新しいヘーゲル――長谷川宏
1383 カントの人間学――中島義道
1401 これがニーチェだ――永井均
1420 無限論の教室――野矢茂樹
1466 ゲーデルの哲学――高橋昌一郎
1575 動物化するポストモダン 東浩紀
1582 ロボットの心――柴田正良
1600 ハイデガー＝存在神秘の哲学――古東哲明
1635 これが現象学だ――谷徹
1638 時間は実在するか 入不二基義
1675 ウィトゲンシュタインはこう考えた 鬼界彰夫
1783 スピノザの世界――上野修
1839 読む哲学事典――田島正樹
1948 理性の限界――高橋昌一郎
1957 リアルのゆくえ――大塚英志 東浩紀
1996 今こそアーレントを読み直す――仲正昌樹
2004 はじめての言語ゲーム――橋爪大三郎
2048 知性の限界――高橋昌一郎
2050 超解読！ はじめてのヘーゲル『精神現象学』 竹田青嗣 西研
2084 はじめての政治哲学 小川仁志
2099 超解読！ はじめてのカント『純粋理性批判』 竹田青嗣
2153 感性の限界――高橋昌一郎
2169 超解読！ はじめてのフッサール『現象学の理念』――竹田青嗣
2185 死別の悲しみに向き合う――坂口幸弘
2279 マックス・ウェーバーを読む――仲正昌樹

Ⓐ

哲学・思想Ⅱ

13 論語——貝塚茂樹
285 正しく考えるために 岩崎武雄
324 美について——今道友信
1007 日本の風景・西欧の景観——オギュスタン・ベルク 篠田勝英 訳
1123 はじめてのインド哲学 立川武蔵
1150 「欲望」と資本主義——佐伯啓思
1163 「孫子」を読む——浅野裕一
1247 メタファー思考——瀬戸賢一
1248 20世紀言語学入門 加賀野井秀一
1278 ラカンの精神分析——新宮一成
1358 「教養」とは何か——阿部謹也
1436 古事記と日本書紀 神野志隆光
1439 〈意識〉とは何だろうか 下條信輔
1542 自由はどこまで可能か 森村進
1544 倫理という力——前田英樹
1560 神道の逆襲——菅野覚明
1741 武士道の逆襲——菅野覚明
1749 自由とは何か——佐伯啓思
1763 ソシュールと言語学——町田健
1849 系統樹思考の世界——三中信宏
1867 現代建築に関する16章 五十嵐太郎
2009 ニッポンの思想——佐々木敦
2014 分類思考の世界——三中信宏
2093 ウェブ×ソーシャル×アメリカ 池田純一
2114 いつだって大変な時代——堀井憲一郎
2134 いまを生きるための思想キーワード——仲正昌樹
2155 独立国家のつくりかた 坂口恭平
2167 新しい左翼入門——松尾匡
2168 社会を変えるには——小熊英二
2172 私とは何か——平野啓一郎
2177 わかりあえないことから 平田オリザ
2179 アメリカを動かす思想 小川仁志
2216 まんが 哲学入門——森岡正博 寺田にゃんこふ
2254 教育の力——苫野一徳
2274 現実脱出論——坂口恭平
2290 闘うための哲学書——小川仁志 萱野稔人
2341 ハイデガー哲学入門 仲正昌樹
2437 ハイデガー『存在と時間』入門——轟孝夫

宗教

27 禅のすすめ——佐藤幸治
135 日蓮——久保田正文
217 道元入門——秋月龍珉
606 「般若心経」を読む——紀野一義
667 生命《いのち》あるすべてのものに　マザー・テレサ
698 神と仏——山折哲雄
997 空と無我——定方晟
1210 イスラームとは何か——小杉泰
1469 ヒンドゥー教　クシティ・モーハン・セーン　中川正生 訳
1609 一神教の誕生——加藤隆
1755 仏教発見！——西山厚
1988 入門 哲学としての仏教　竹村牧男
2100 ふしぎなキリスト教——橋爪大三郎 大澤真幸
2146 世界の陰謀論を読み解く——辻隆太朗
2159 古代オリエントの宗教　青木健
2220 仏教の真実——田上太秀
2241 科学vs.キリスト教——岡崎勝世
2293 善の根拠——南直哉
2333 輪廻転生——竹倉史人
2337 『臨済録』を読む——有馬頼底
2368 「日本人の神」入門——島田裕巳

©

政治・社会

1145 冤罪はこうして作られる　小田中聰樹
1201 情報操作のトリック　川上和久
1488 日本の公安警察——青木理
1540 戦争を記憶する——藤原帰一
1742 教育と国家——高橋哲哉
1965 創価学会の研究——玉野和志
1977 天皇陛下の全仕事——山本雅人
1978 思考停止社会——郷原信郎
1985 日米同盟の正体——孫崎享
2068 財政危機と社会保障——鈴木亘
2073 リスクに背を向ける日本人　山岸俊男　メアリー・C・ブリントン
2079 認知症と長寿社会——信濃毎日新聞取材班
2115 国力とは何か——中野剛志
2117 未曾有と想定外——畑村洋太郎
2123 中国社会の見えない掟　加藤隆則
2130 ケインズとハイエク　松原隆一郎
2135 弱者の居場所がない社会　阿部彩
2138 超高齢社会の基礎知識　鈴木隆雄
2152 鉄道と国家——小牟田哲彦
2183 死刑と正義——森炎
2186 民法はおもしろい——池田真朗
2197 「反日」中国の真実——加藤隆則
2203 ビッグデータの覇者たち——海部美知
2246 愛と暴力の戦後とその後——赤坂真理
2247 国際メディア情報戦——高木徹
2294 安倍官邸の正体——田﨑史郎
2295 福島第一原発事故 7つの謎　NHKスペシャル『メルトダウン』取材班
2297 ニッポンの裁判——瀬木比呂志
2352 警察捜査の正体——原田宏二
2358 貧困世代——藤田孝典
2363 下り坂をそろそろと下る　平田オリザ
2387 憲法という希望——木村草太
2397 老いる家　崩れる街　野澤千絵
2413 アメリカ帝国の終焉　進藤榮一
2431 未来の年表——河合雅司
2436 縮小ニッポンの衝撃　NHKスペシャル取材班
2439 知ってはいけない——矢部宏治
2455 保守の真髄——西部邁

経済・ビジネス

350 経済学はむずかしくない〈第2版〉——都留重人
1596 失敗を生かす仕事術 畑村洋太郎
1624 企業を高めるブランド戦略——田中洋
1641 ゼロからわかる経済の基本——野口旭
1656 コーチングの技術——菅原裕子
1926 不機嫌な職場——高橋克徳 河合太介 永田稔 渡部幹
1992 経済成長という病——平川克美
1997 日本の雇用——大久保幸夫
2010 日本銀行は信用できるか 岩田規久男
2016 職場は感情で変わる 高橋克徳
2036 決算書はここだけ読め!——前川修満
2064 決算書はここだけ読め! キャッシュ・フロー計算書編 前川修満
2125 ビジネスマンのための「行動観察」入門 松波晴人
2148 経済成長神話の終わり アンドリュー・J・サター 中村起子 訳
2171 経済学の犯罪——佐伯啓思
2178 経済学の思考法——小島寛之
2218 会社を変える分析の力 河本薫
2229 ビジネスをつくる仕事 小林敬幸
2235 20代のための「キャリア」と「仕事」入門——塩野誠
2236 部長の資格——米田巖
2240 会社を変える会議の力 杉野幹人
2242 孤独な日銀——白川浩道
2261 変わった世界 変わらない日本——野口悠紀雄
2267 「失敗」の経済政策史 川北隆雄
2300 世界に冠たる中小企業 黒崎誠
2303 「タレント」の時代——酒井崇男
2307 AIの衝撃——小林雅一
2324 〈税金逃れ〉の衝撃 深見浩一郎
2334 介護ビジネスの罠——長岡美代
2350 仕事の技法——田坂広志
2362 トヨタの強さの秘密 酒井崇男
2371 捨てられる銀行——橋本卓典
2412 楽しく学べる「知財」入門——稲穂健市
2416 日本経済入門——野口悠紀雄
2422 捨てられる銀行2 非産運用——橋本卓典
2423 勇敢な日本経済論——髙橋洋一 ぐっちーさん
2425 真説・企業論——中野剛志
2426 東芝解体 電機メーカーが消える日 大西康之

世界の言語・文化・地理

日本史Ⅰ

1258 身分差別社会の真実——斎藤洋一 大石慎三郎
1265 七三一部隊——常石敬一
1292 日光東照宮の謎——高藤晴俊
1322 藤原氏千年——朧谷寿
1379 白村江——遠山美都男
1394 参勤交代——山本博文
1414 謎とき日本近現代史 野島博之
1599 戦争の日本近現代史 加藤陽子
1648 天皇と日本の起源 遠山美都男
1680 鉄道ひとつばなし——原武史
1702 日本史の考え方——石川晶康
1707 参謀本部と陸軍大学校 黒野耐
1797 「特攻」と日本人——保阪正康
1885 鉄道ひとつばなし2——原武史
1900 日中戦争——小林英夫
1918 日本人はなぜキツネにだまされなくなったのか 内山節
1924 東京裁判——日暮吉延
1931 幕臣たちの明治維新 安藤優一郎
1971 歴史と外交——東郷和彦
1982 皇軍兵士の日常生活 一ノ瀬俊也
2031 明治維新 1858-1881 坂野潤治 大野健一
2040 中世を道から読む——齋藤慎一
2089 占いと中世人——菅原正子
2095 鉄道ひとつばなし3——原武史
2098 戦前昭和の社会 1926-1945——井上寿一
2106 戦国誕生——渡邊大門
2109 「神道」の虚像と実像 井上寛司
2152 鉄道と国家——小牟田哲彦
2154 邪馬台国をとらえなおす——大塚初重
2190 戦前日本の安全保障——川田稔
2192 江戸の小判ゲーム——山室恭子
2196 藤原道長の日常生活 倉本一宏
2202 西郷隆盛と明治維新 坂野潤治
2248 城を攻める 城を守る——伊東潤
2272 昭和陸軍全史1——川田稔
2278 織田信長〈天下人〉の実像 金子拓
2284 ヌードと愛国——池川玲子
2299 日本海軍と政治——手嶋泰伸

Ⓖ

世界史Ⅰ

834 ユダヤ人——上田和夫
930 フリーメイソン——吉村正和
934 大英帝国——長島伸一
968 ローマはなぜ滅んだか 弓削達
1017 ハプスブルク家——江村洋
1019 動物裁判——池上俊一
1076 デパートを発明した夫婦 鹿島茂
1080 ユダヤ人とドイツ——大澤武男
1088 ヨーロッパ「近代」の終焉——山本雅男
1097 オスマン帝国——鈴木董
1151 ハプスブルク家の女たち 江村洋
1249 ヒトラーとユダヤ人 大澤武男
1252 ロスチャイルド家 横山三四郎
1282 戦うハプスブルク家 菊池良生
1283 イギリス王室物語——小林章夫
1321 聖書vs.世界史——岡崎勝世
1442 メディチ家——森田義之
1470 中世シチリア王国——高山博
1486 エリザベスⅠ世——青木道彦
1572 ユダヤ人とローマ帝国 大澤武男
1587 傭兵の二千年史——菊池良生
1664 新書ヨーロッパ史 中世篇 堀越孝一 編
1673 神聖ローマ帝国——菊池良生
1687 世界史とヨーロッパ 岡崎勝世
1705 魔女とカルトのドイツ史——浜本隆志
1712 宗教改革の真実——永田諒一
2005 カペー朝——佐藤賢一
2070 イギリス近代史講義——川北稔
2096 モーツァルトを「造った」男——小宮正安
2281 ヴァロワ朝——佐藤賢一
2316 ナチスの財宝——篠田航一
2318 ヒトラーとナチ・ドイツ 石田勇治
2442 ハプスブルク帝国——岩﨑周一

世界史Ⅱ

959 東インド会社――浅田實
971 文化大革命――矢吹晋
1085 アラブとイスラエル 高橋和夫
1099 「民族」で読むアメリカ 野村達朗
1231 キング牧師とマルコムX 上坂昇
1306 モンゴル帝国の興亡〈上〉――杉山正明
1307 モンゴル帝国の興亡〈下〉――杉山正明
1366 新書アフリカ史――宮本正興 松田素二 編
1588 現代アラブの社会思想 池内恵
1746 中国の大盗賊・完全版――高島俊男
1761 中国文明の歴史――岡田英弘
1769 まんが パレスチナ問題 山井教雄
1811 歴史を学ぶということ 入江昭
1932 都市計画の世界史――日端康雄
1966 〈満洲〉の歴史――小林英夫
2018 古代中国の虚像と実像 落合淳思
2025 まんが 現代史――山井教雄
2053 〈中東〉の考え方――酒井啓子
2120 居酒屋の世界史――下田淳
2182 おどろきの中国 橋爪大三郎 大澤真幸 宮台真司
2189 世界史の中のパレスチナ問題 臼杵陽
2257 歴史家が見る現代世界 入江昭
2301 高層建築物の世界史 大澤昭彦
2331 続 まんが パレスチナ問題 山井教雄
2338 世界史を変えた薬 佐藤健太郎
2345 鄧小平――エズラ・F・ヴォーゲル 聞き手＝橋爪大三郎
2386 〈情報〉帝国の興亡――玉木俊明
2409 〈軍〉の中国史――澁谷由里
2410 入門 東南アジア近現代史 岩崎育夫
2445 珈琲の世界史――旦部幸博
2457 世界神話学入門――後藤明
2459 9・11後の現代史 酒井啓子

自然科学・医学

心理・精神医学

331 異常の構造——木村敏
590 家族関係を考える——河合隼雄
725 リーダーシップの心理学——国分康孝
824 森田療法——岩井寛
1011 自己変革の心理学——伊藤順康
1020 アイデンティティの心理学 鑪幹八郎
1044 〈自己発見〉の心理学 国分康孝
1241 心のメッセージを聴く 池見陽
1289 軽症うつ病——笠原嘉
1348 自殺の心理学——高橋祥友
1372 〈むなしさ〉の心理学 諸富祥彦
1376 子どものトラウマ——西澤哲

1465 トランスパーソナル心理学入門——諸富祥彦
1787 人生に意味はあるか 諸富祥彦
1827 他人を見下す若者たち 速水敏彦
1922 発達障害の子どもたち——杉山登志郎
1962 親子という病——香山リカ
1984 いじめの構造——内藤朝雄
2008 関係する女 所有する男——斎藤環
2030 がんを生きる——佐々木常雄
2044 母親はなぜ生きづらいか——香山リカ
2062 人間関係のレッスン 向後善之
2076 子ども虐待——西澤哲
2085 言葉と脳と心——山鳥重
2105 はじめての認知療法——大野裕

2116 発達障害のいま——杉山登志郎
2119 動きが心をつくる——春木豊
2143 アサーション入門——平木典子
2180 パーソナリティ障害とは何か——牛島定信
2231 精神医療ダークサイド 佐藤光展
2344 ヒトの本性——川合伸幸
2347 信頼学の教室——中谷内一也
2349 「脳疲労」社会——徳永雄一郎
2385 はじめての森田療法 北西憲二
2415 新版 うつ病をなおす 野村総一郎
2444 怒りを鎮める うまく謝る 川合伸幸

知的生活のヒント

文学

2 光源氏の一生——池田弥三郎
180 美しい日本の私——川端康成 サイデンステッカー
1026 漢詩の名句・名吟——村上哲見
1208 王朝貴族物語——山口博
1501 アメリカ文学のレッスン——柴田元幸
1667 悪女入門——鹿島茂
1708 きむら式 童話のつくり方——木村裕一
1743 漱石と三人の読者——石原千秋
1841 知ってる古文の知らない魅力——鈴木健一
2029 決定版 一億人の俳句入門 長谷川櫂
2071 村上春樹を読みつくす 小山鉄郎
2209 今を生きるための現代詩 渡邊十絲子
2323 作家という病——校條剛
2356 ニッポンの文学——佐々木敦
2364 我が詩的自伝——吉増剛造